# 我的姑姑三毛

[加] 陈天慈 著

云南人民出版社

# 读《我的姑姑三毛》

贾平凹

我在许多地方，比如北京、上海、广州，也在西安，常见一些年轻的女性。她们没有固定的职业，或已辞职了，穿着长衫，脖子上手腕上挂了夸张的饰品，喜欢旅游，在报刊上和微信上写了许多文章。周围人都给我介绍："哈，这是我们这里的三毛！"三十年前我与三毛虽然没有见过面，仅仅是几封书信来往，但这是我这一生的珍贵回忆。世上确实有奇怪的事情，那个蒲公英在风里飘散了，却在多地又落根重生。我也曾想，我之所以总能碰到这些人，可能三毛还在以各种形象和方式让我们交集。便对众多的"三毛"心生亲切，把她们写的文章拿来读，果然都写得非常好，感慨万千。

浙江舟山设了个三毛散文奖，那几乎成了三毛迷们的节日，每届都很热闹。三毛的书一印再印，三毛的故事们是加盐添醋地流传，这是一个作家的荣耀啊。每每收到这样的信息，我便当着三毛的照片致以微笑，向她祝贺。

在众多的关于三毛故事的书籍中，我读到了陈天慈的《我的姑姑三毛》。由衷地说，这是我读过写三毛最好的一本书。陈天慈是三毛的侄女，她有写三毛的优越条件，虽然，三毛在世的时候，她还只是小学生。我并不清楚陈天慈现在做什么事，是不是以写作为生，但即便是第一次写作，她简直是三毛附体一般，写得是那么精彩，尤其是书的前大半部分，三毛的形象是那样地饱满动人，而陈天恩、陈天慈又是那么精灵可爱。她们是小姑的跟屁虫，更是小姑的小天使。三毛是特立独行人，三毛的作品以真诚直率示人，陈天慈关于三毛的文章也是一派纯真、灿烂如花。在这个浮华而太做作的年代，这样的文章真是令人喜欢。

　　我是在一天半的时间里读完这本书，或许它还不该是"三毛传"，或许它是另一种写法的"三毛传"，但它给了我们另一个真实的三毛，我推荐热爱三毛的人都去读读。

贾平凹

2020.7.22 西安

# TO: 天慈

饶雪漫

我的少女时代有两个偶像，一个是齐秦，一个是三毛。这两个神奇的人，用他们的音乐和文字把我一个小镇姑娘的黑白青春硬生生染出了绚丽的色彩，诱惑我到外面的世界去流浪。

后来我就真的去了外面的世界。很长的一段时间，我拥有了自己还算不错的生活和追求，就在我觉得我都快要忘记他们的时候，我认识了齐秦小哥。又因为小哥，认识了齐豫姐姐，又因为齐豫姐姐为纪念三毛而特别举办的"回声"演唱会，认识了三毛的侄女陈天慈。这个比我大六天的女人顶着我"偶像侄女"的光环"哗"的一下空降到我的生活里，竟然慢慢地和我成了闺蜜。更神奇的是，后来我们又一起认识了很多以前很喜欢但从未见过的朋友，一度怀疑是不是调皮的三毛姑姑在天上玩着"连连看"的小游戏。

第一次见到天慈是在洛杉矶，知道我刚到一个人生地不熟的地方，英文又很烂，她特意从温哥华飞来探望我，帮我装打印机，替我当翻译，陪我冲进服装店（真的是服装店）去问人家有没有鼠标垫卖。她还特意选了我家附近的酒店住，每天早上醒了就跑过来，躺在我在宜家买的小沙发上继续睡得昏天黑地，搞得我们好像认识了几百年一样的熟络。我缠着她给我讲三毛的故事，她故意只挑让我嫉妒的讲，说什么在由三毛编剧，齐秦、张艾嘉主演的舞台剧《棋王》的演出现场，她骄傲地坐在第一排，当时离长发齐秦只有一米远的距离。我激动地问她什么感觉，她只是淡淡地答："那时还小嘛，什么都不懂。"

真是人比人气死人，若换成当年的我，两个偶像同时出现在我面前，大约是要激动得直接晕过去的吧。

可能是为了抚平我的创伤，她翻出了电脑里私藏的稿子给我看，说是有一些和姑姑有关的记忆讲不出来，但是写出来了，只是一直很羞涩，不知道该不该拿出来跟大家分享。所以其实，我是第一个看到这本书稿的人，感觉真的很惊喜。天慈和三毛最相似之处，就是可以把一件极小的事或者一个看上去极无聊的人写出很特别的味道来，这种文字的魔力其实是一种沾亲带故的天赋，学不来，至少我不行。

洛杉矶分别以后，我们又见过好几次。说来惭愧，每次都是她主动来找我。我的电影《大约在冬季》上映的时候，她又专门来北京，包了场请三毛迷们看电影，完了还一个群一个群地跑去请大家给我写影评。她真的是那种特别体贴和周到的人，在这一点上狠狠地弥补了我的特别不体贴和特别不周到。她是那种芝麻大点小事都要跟我分享的人，我却是那种但凡有点小脾气就连微信都不想打开的神经病，常常半天不回应人家。不过想到好朋友就是互补型，搞不好她来到我生命里就是要做我的"代班三毛"，帮我平稳地度过我的更年期，我心里对她的愧疚就立刻少了大半。

天慈对姑姑的爱是真的浓烈，只要跟我聊天，总是三句话不离三毛。三毛的书，三毛的文创，三毛的电影，和三毛有关的一切，全都是她的念念不忘。但凡网络上有谁说两句姑姑的不好，她都会难过半天。我有时候会有些心疼地对她说，其实你也该拥有一点自己的生活，你看，姑姑已经走了，而且走了很久了，你的日子不能总是这样围着她打转转。她却总是沉默，也从不责备我总是扫她的兴。

现在，这本书终于出版了。天慈站在亲人的角度来描写三毛，分享了很多旁人从不知晓的和三毛有关的珍贵瞬间，里面每个字都寄托着她对三毛深深的爱和思念，也让大家"心中的三毛"从此变得更加真实和接地气。谢谢愿意出版这本书的路金波老师和果麦，你们做了一件很美好的事。

祝福48岁了依然在乘风破浪的陈天慈，也谢谢每一个爱三毛的你。

2020.8.3 上海

# 她和她

陈圣

　　我的姐姐，陈平，你们叫她三毛。我的二女儿陈天慈，是这本书的作者。三毛给我写了一篇《他》，把我写得铁汉柔情，如今看来更是老泪纵横。现在天慈也写了一篇《又见胖胖的他》，让我想起那个和我从小吵到大的姐姐。我们俩都是让父母头疼的孩子，她活出了精彩的人生，我也有我平凡的满足。

　　从没想过有一天我们陈家会有人继承三毛的衣钵走上写作的路，尤其身为她爸爸的我也不是个爱看书的人。我也不知道这会不会是天慈唯一的一本书，但是她对姑姑的用心，却是我们有目共睹的。

　　女儿，老父亲一定会努力把你的书一字一句看完，细品，也谢谢你的付出。愿你在写作的路上畅游尽兴，享受其中。

父字

2020.8.8

# 目 录

我们怀念的您

## 我们怀念的您

　　三毛一直是个幽默的人，她的荷西也有着西班牙人的热情和风趣。他曾对三毛说"雨是天上下来的粉丝条"，我小时候听到这儿就常在想，下大雨时张嘴就能吃饱吧！

　　我倒觉得雨是情人发来的信息，总在你没防备时发来，常常一发就好多条，也不管你是不是在线准备好，他想发就发，有点任性和小调皮。敏感的人听出其中的急切和渴望，热恋的人听出爱意和想念，三心二意的人听出试探和怀疑。

　　三毛是重感情的人，在雨季里写出了年少的暗恋——《雨季不再来》，那种单纯的喜欢和远远的欣赏，确实是现在来匆匆去匆匆的行程里很奢侈的花费。今天的我在新年刚过的日常中静下来，听到惆怅和怀念，这是每年都逃不过的来自心底的情人的信息。

　　这就是我的小姑，你们认识的三毛，那个传奇女作家，旅居他乡的独立女性。我从小认识的亲人、玩伴，用独特的方式带领我成长的人。小姑如果在世，也有七十七岁了，虽然我们都很难想象那个留着两个小辫子，说话轻声轻语，勇敢追爱，充满好奇心和童心的三毛有一天也会变老。她用她的方式在我们心里冻龄，今天我们用我们的方式让她重生。

十三岁小姑因为不适应当时模板式的教育体系，选择休学。十四岁她开始写作，当时的作品多半是少女对初恋的期待和懵懂人生的观察，有着超出同龄孩子的成熟与敏感细致。童年的拔俗，让小姑对我和双胞胎姐姐的教育产生了很多启发。

我们常常一起去东方出版社书店，在那儿一待就是一个下午，直到抱着一箱箱的书籍往车上搬才愿意离开。阅读是受小姑影响的好习惯，写作却是小姑和我都没想到的一条路，早在那些我和姐姐陪小姑在房间笔耕的深夜，悄悄种下了因子。

小姑二十四岁去西班牙留学，认识了一生挚爱荷西，也开始了对异国生活的记录。《撒哈拉的故事》至今以各种文字在国际上流传，除了中文版，还有英文、西班牙文、日文、荷兰文、挪威文、越南文等版本。二十四岁的我来到加拿大温哥

▷ 三毛在西班牙塞戈维亚

华，踏上异国的土地，没有小姑当年环境上的艰苦，却深知小姑当年文化差异上的难处。也许这是命运的安排，又或者是小姑不想离开我们吧！

1979年，小姑短暂回台北时，我已上小学。初见时觉得很陌生，害羞的我不敢直视她，敏感的孩子偷偷看着这位和其他家人完全不同的小姑。渐渐地小姑成了会开车带我们到处走的玩伴。

常常会遇到很多读者看到小姑兴奋地尖叫，或者叫出我和姐姐的名字呵呵地笑。看到学校里的老师对小姑的崇拜，我和姐姐才对这位平常很随和的玩伴刮目相看——原来她在外人面前是个大人物，原来很多人抢着买她演讲会的票，很多人以她为人生标杆学习仿效。那个每天接近中午要我们两个小孩叫起床的大孩子，走入我们的童年、青少年，直到如今还是我们身上的标签和心里的印记。

我虽然没有亲身参与小姑和荷西姑丈在西班牙的相遇，雪地上的六年之约，结婚后在撒哈拉沙漠的生活，却在她书里不忍心地读到她的辛苦和坚强。在二十世纪七八十年代的华人世界里，小姑是读者的眼，带读者看世界。她开了扇窗，无意间做了先锋，在远方留下足迹。作为把中西文化交流渗在生活里的平凡人，她只是实实在在地过日子，却活出当时千万读者想要的样子。


前阵子圣诞期间我看了一部激动人心的动画片《寻梦环游记》，这部动画片摆脱那种一切都很完美、甜蜜的大主流，拍出了大胆的体裁，着实引起我的注意。电影源自墨西哥的亡灵节，讲述了一个热爱音乐的十二岁男孩米格不放弃梦想和亲情，帮助逝去的亲人找回尚在人世的亲人并得到谅解的故事。电影中提到当人世间最后一人都忘记逝世的家人，不再看他的照片、不再谈论他、不再想起他时，灵魂就会被关在"遗忘区"，再也无法被人记起，也永远无法投胎。电影有着丰富的文化色彩，满满的拉丁风情和神秘感，还带点小诡异。相信每个人在看这部电影时，都会想起自己逝去的亲人，担心他的现况。我虽然没有来世今生的概念，却在电影中看到生与死的乐观面和现实面。

死亡是一个很多人不敢、不愿意触碰的话题，其实是源于未知和害怕。逝去，是一种突如其来的无奈，没得选择只能接受，任你再不愿意，也得向上天的决定投降。活着的人不舍，逝去的人又何尝不是？双方怎么放下，也许永远不会有人知道答案，只有用时间慢慢埋葬，眼不见心不想的逃避是大多数人的自救机制。时过境迁，再想起时不会再有当时的热泪，取而代之的是沉沉地压在胸口的闷，不用多说，也不想多说。

小姑走的时候是在我高三那年，心情被模拟考试烧坏，那是其他什么事都不敢想，天真地以为上了大学就一切都会好起来，所以努力忍耐的年纪。1月4日那一天，回到家时家中空无一人，这很不寻常。被课业压够了的我和姐姐虽然感到奇怪，也为突如其来的宁静感到放松，谁也不想理谁，各自待在客厅的一角。那是没有手机的年代，等待是唯一的选择。我们无意识地开着电视当作背景音乐。正值傍晚的新闻时段，此时电视里放出小姑的照片，很大一张，她笑得很灿烂，双手合十，微卷的头发自在地垂下，肩上还披着她喜欢的蓝绿色丝巾。我忙着背文言文课文应付明天的考试，并没有放下语文课本，以为又是一次演讲或其他活动的报道，小姑常常出现在新闻主播的口中，我们已经习以为常。此时，挂在墙上的橘色直立型电话却惊人地大响，"叮……叮……"我懒懒地起身，慢慢走到墙边，就在这一秒，从新闻主播李四端先生的口中宣布了小姑的噩耗，一时间我没有回过神来，愣住了。

"你们知道小姑的事了吧？"妈妈强忍难过，故作镇定地说，说到"小姑"两个字时还是忍不住透露出哭声。

小时候的我很内敛也比较呆，听到李主播和妈妈同时宣布这突如其来的消息，一个第一次经历死别的高三学生真不知道应该冒出什么话。

"嗯，是真的吗？"我停了一下，抱着一丝希望怯怯地问。

"嗯，是的，我们都在荣总[1]。你们自己在家，冰箱有吃的，自己热一下。"

妈妈交代完就挂了电话，好像生怕再多说几句就忍不住眼泪，在孩子面前掉眼泪是母亲最不想做的事。

1991年的这一天，大人们在医院忙着，一直没空，或者也是不知道怎么开口，所以拖到傍晚才告诉从学校回到家的我和姐姐。当天在学校的我和姐姐浑然不知，还在为了搞不懂的数学和永远睡不够的黑眼圈闷闷不乐，后来想想那些都是生死面前的小事。一个最最亲爱的家人选择离开，大人们除了镇定地处理后事，也只能暂时冷藏心里的悲伤，为了爷爷奶奶，也为了先一步走的小姑，回到家静下来时才能释放，才敢释放，隔天早上起来又得武装得成熟淡定，好长的一天。想想做大人真不容易，总在生活一次次毫无预警的波折中逼自己成长，谁说碰到这种失去时，大人不会软弱和无助？忍耐是成长的标配，挫折是人生的颜料，当人离开时，这些都只是传记里的剧情，不为人知的内心世

---

1　荣民总医院的简称。（书中注释均为编者注）

界已经一起埋在亲人的心里。

接下来那几天，我和姐姐常常处于失去亲人和玩伴的空荡中，在学校时也感到同学和老师的关心。那天导师王姓历史老师找了班长通知我到办公室聊聊，我心里想：不会在这种日子还要训我那无可救药的数学成绩吧？意外的是善良的老师只是要安慰一个联考生，并建议如何面对大考在即和人生中第一次失去的课题，还有媒体上的报道和家门口日夜守候的记者。我无法记起她跟我说了什么，只记得她自己也很难过，数度哽咽，因为小姑来学校演讲过几次，全校师生早已把她当自己人。我只是直挺挺地站着、听着，不想回话，心里还是感激的。

上课铃响时我才跑回教室，感到许多目光投在我身上。回到座位，桌上放了一堆小纸条，白色的、黄色的、粉红色的，折成小纸鹤或简单的对折，那个年纪的女校同学特别温暖。那堂英文课我什么也没听进去，下课铃声一响，立刻打开纸条，同学、老师们背着我偷偷写好一字一句安慰和关心的话，再偷偷给我，事后也没有人再用言语多说什么。小姑替我选的学校，六年了，今天这个学校的师生们替你安慰了你的两个侄女，她们也想念着你。

放学回家时，总是胆怯不敢去本该每天报到的爷爷奶奶家。一直坚强保护小姑的爷爷奶奶，此时此刻该如何坚强面对这一切。想到这些，我不知所措。最后还是挤出勇气跟着爸妈去了爷爷奶奶家，只能尽尽陪伴的孝道，除此之外惭愧地帮不上其他的忙。我从小不是个甜言蜜语会讨喜的孩子，默默在旁花时间陪伴也是当时的我唯一能做的。奶奶拿着手绢，眼泪没停过，嘴里说着"妹妹，你怎么先走了"。我们不知道怎么安慰，只知道安慰也是多余，只能在旁边杵着。在旁叹气的爷爷是很了解小姑的人，他忍着悲伤和大姑、爸爸、叔叔们商量后事，让心疼的小女儿走完最后的一程，希望合她的心意，是这对很不容易的父母能给女儿最后的爱和宽容。

丧礼上一堆的记者，哭声混着嘈杂声。我在心里问小姑，会不会太吵？她一向不喜欢人多的场合，但也矛盾地希望见到爱她的人记得她。这是一出没有剧本的戏，出乎意料却只能接受永远没有续集的结局。

这几年每到1月4日，我常常在三毛读者的微信群、微博、朋友圈等处看到大家对小姑的怀念。小姑走了快三十年了，还是有很多人没有忘记她，甚至很多年轻朋友也在时时刻刻说着她的故事，念着她的好，传扬着她的善。三毛的作品——书、电影、音乐剧、歌曲、演讲录音和访问，都是她的人生，她的信念。她和荷西姑丈柴米油盐中的爱，她走过的路，她对亲情和家乡的思念，都

▷
三毛和父母

是她留给我们的足迹，是她贴心为我们留下的想念她时的凭借。

在这里，我的文字也许会让你再次陷入想念，而我更想转述的或许是小姑想说而没机会说的话："谢谢你们的想念，我去找荷西了。你们要好好生活，偶尔想起我时，请记得微笑和保持自由的灵魂。我的形体已离开，你们的人生要好好继续。"

爷爷曾在一次访问中说，小姑只是从人生的火车上提早下车，每个人有每个人的终点站。旅途中相伴一场是缘分，是遇见，是给彼此交集的机会，分开后想起的悸动，是只有你和她才懂的心理交流。前几天，荷西姑丈的六姐卡门和友人捎来圣诞的祝福，通过网络用中文和西班牙文串联起对三毛的各种怀念和喜爱。我终于安心了，小姑不会被遗忘。三毛在用她一贯充满幽默和创意的方式带领大家，体会人生的美好与遗憾。故事未完，她的足迹永不消失。

当这本书出版时，我也到了当年小姑离开我们的年纪。是巧合，还是注定？怎么都好，能够把这缘分传承继续下去，都是欣慰的。

如果你也和我一样想念她，偶尔在忙碌的夜晚不小心抬头看到星星也会想起她的名字，她就一直都在，就在那块我们默默为她耕耘的梦田里，就在那棵经年累月开枝散叶的橄榄树下。

我们的家

《撒哈拉的故事·白手成家》节选

　　其实，当初坚持要去撒哈拉沙漠的人是我，而不是荷西。后来长期留了下来，又是为了荷西，不是为了我。

　　我的半生，飘流过很多国家。高度文明的社会，我住过，看透，也尝够了，我的感动不是没有，我的生活方式，多多少少也受到它们的影响。但是我始终没有在一个固定的地方，将我的心也留下来给我居住的城市。

三毛

## 白手成家前传

前阵子在温哥华听了一场李健的演唱会，很少坐满的体育场来了五千多人，从年长到年轻，男男女女，堪称华人盛事。演唱会的前半段，有首歌缓缓入耳，却意外地在我心里造成不少震撼。

多少人曾爱你青春欢畅的时辰，爱慕你的美丽，假意或真心，只有一个人还爱你虔诚的灵魂，爱你苍老的脸上的皱纹。

曾经好傻好天真的我，一直不太敢想我老了的样子，这是一个自我屏蔽的话题，好骗自己还像心里那个小孩一样的呆萌。身边的中年女粉丝如痴如醉大声地合唱，眼里泛着泪光，是为歌声感动，还是和我一样在音乐声中鼓起勇气面对"老"这个非自愿现象？终于有人替我们倾吐出心里的彷徨和害怕，一群人在黑暗中抱团取暖。那些好不容易才放下的成熟矜持，化成释放出的热情，但愿一字一句能唱回那些握不住的岁月流沙。

曾经以为永远用不完的青春，一点点偷偷地被拿走，不小心在黑发上留下白色的痕迹，在脸上滑过一道道皱纹，不管你是一代巨星还是平凡如我，都只能乖乖就范。身边的追求者渐渐向"九零后"靠拢，美颜相机亮度拼了命往右拉，却再也起不了多大作用，只剩下准时醒来的凌晨和放不下的保温杯里的枸杞茶。

散场后回到家，打开电脑翻出几张爷爷奶奶的旧照片，想起至今仍烙印在我脑海里的那些零碎记忆。

△　左起依次为三毛、三毛父母、作者姐姐陈天恩、
作者及作者的母亲魏春霞女士

"小妹，快点，阿娘[1]进了荣总，我们现在要过去，这时间很会塞车。"妈妈刚刚从公司赶回来，匆忙做了晚饭，收拾过后就催着我和姐姐往公寓楼下走，手上拿着大包小包，爱美的她还执意穿上高跟鞋，又是一个下了班还要在家上班的职业妇女，称职的母亲和好媳妇。我们飞快上了爸爸早就开过来停在楼下的车，后面开来的车闪了大灯，爸爸不等我把车门关上，心急地就踩下油门往前冲，坐在后座的我从大人的心急感觉到奶奶病情的严重。奶奶在小姑走后的几年，虽然表面上恢复了正常生活，但没多久就病了，癌症，还不止一处。

我们先从南京东路开到健康路去接爷爷。爸爸把车停在楼下，我和姐姐跑进去示意管理员开门，冲进大厅，按了电梯往十四楼上去。电梯门一打开，惊见爷爷已经西裤加白衬衫，穿戴整齐在门口等了，显然也是担心奶奶吧。他不知道在电梯门口等了多久，却没有半句埋怨。我刚刚出门前真不该挑了一双要花两分钟系上鞋带的球鞋，让爷爷多等了两分钟。

"阿爷[2]，门锁了吗？"

"你去看看。"

比我大个七分钟的姐姐总爱指挥我，而我总是傻傻地听她的话。确认门已锁好，我再冲回电梯里按下往下的按键。

一路上三代人没人开口多说什么，这条路我们五人已经不是第一次一起走。言语已是多余，安慰也只是浪费，只剩下爸爸偶

---

1　阿娘：奶奶，浙江定海方言。
2　阿爷：爷爷，浙江定海方言。

▷

三毛父母

尔打的方向灯"哒哒"作响，提醒我们生活就在夜晚的赶路中轻轻刻下一丝痕迹，并留下一家人在一起好的、不好的记忆，像电影中空白的情节，缺了剧本，演员随心所欲地真情发挥，然后意外地成就印象深刻的一幕，至今难忘。

奶奶是个出了名的大好人，总是带着笑容，从不大声对任何人说话，身边的人很喜欢这位总是穿着合宜的陈妈妈。

小姑曾说："母亲的腿上，好似绑着一条无形的带子，那一条带子的长度，只够她在厨房和家中走来走去。大门虽没有上锁，她心里的爱，却使她甘心情愿把自己锁了一辈子。"

典型的中国传统妇女，家庭就是她的天，丈夫和孩子就是她最大的成就；她忘了还有自己，忘了自己也曾经是父母的掌上明珠，是很多人追求的美女。签了一纸婚约后，为了爱放下一切，再也不觉得自己有多重要，永远甘心做家里的配角，在家人心中也永远享有最重要的位置。

常常有人问我，你爷爷奶奶是怎样的父母，能够培养出三毛这么独特的孩子？我从爷爷奶奶对我从小的隔代养育当中，体会出爷爷奶奶的"养"孩子除了照顾好吃穿之余，身教大于言教，却很少对孩子要求什么。


1981年小姑回台湾，在年幼的我眼中这是一个洋气的陌生小姑，浑身上下都和我们不同。有一次在奶奶家的一个炎热午后，放暑假的我和姐姐在奶奶的怀里肆意地撒野，享受满满的溺爱，仿佛有奶奶的天空就不会有忧伤和分离，只有无止境的欢乐和宠爱，做什么都不会被阻止，生活如此美好。

此时，小姑突然推门进来。我们两个孩子和这位刚回台湾的家人还不太熟悉，加上我从小个性格外害羞怕生，即使心里对这位遥远地方回来的亲人有所好感，也只是远远遥望，暂时没敢接近。小姑身上异国的香气，满是破洞的牛仔裤，五颜六色、披披挂挂的衣服，怎么看都和走气质路线的妈妈很不一样。小小年纪的我算是开了眼界，在旁默默观察。

"快叫小姑！"奶奶开口了。

我和姐姐躲到奶奶背后，极小声地冒出了一句"小姑"。

"姐姐妹妹，小姑回来了。快过来给小姑抱抱。"小姑用她细细的声音笑着对我们说。

奶奶移了一下身体，好让小姑看到我们两个恨不得不被看见的孩子。我和姐姐怯生生地慢慢走向小姑，小姑左手天恩、右手天慈，一把把我们紧紧搂进怀里，抱得好紧，紧到我们都能挤出水了。这是小姑在历经人生变故时，回到家后的眼泪，我仿佛感到身后的奶奶也在擦拭欣慰的泪水。出走的女儿，害羞的孙女，勇敢的母亲，宽容的祖母。

后来在小姑书中看到她描述这一次的相见，得知她因为我们

▷ 童年时期的作者姐妹俩

两个不会表达内心戏的小孩看似无情的迎接而受了点伤。文化差异加上个性使然，还有当天闹哄哄的混乱场面，九岁的孩子一时间不懂如何处理内心的好奇，反倒化成了外表的木讷和呆滞。所幸孩子毕竟是天真、真诚的，在之后的相处中也慢慢打开心房，渐渐爱上了这位洋小姑。

奶奶也多了一位帮忙带孩子的大孩子，小姑和我们两姐妹，三个小孩彼此取暖，互相影响。谁说小孩不会影响大人，小孩只是用最直接的方式给了大人小小的温暖。现实生活中的孤独，失去伴侣的痛，都在每晚的一句"小姑，我们等你回来"中消散，漂泊的灵魂得到停留的理由，尽管传统的奶奶和洋派的小姑常常有教养上的意见分歧。

一次晚饭后在客厅中闲聊，小姑跟我们说了爷爷奶奶从大陆到台湾的故事，一个时代变迁下小市民充满无奈却咬牙坚持的故事。

"你们知道爷爷的爷爷是做什么工作的吗？"

小姑问我们两个舔着红白百吉冰棒的小孩，努力用有趣的问题引起我们的注意和好奇心，再附上一个美丽的笑脸。

"不知道，是清朝人吗？"我抢着说，一根冰棒也快吃完了。

姐姐说："跟阿爷一样是律师吗？"

她手上的冰棒还没吃完，我一直盯着它看。奶奶早看出我的小心思。

"不能再吃冰棒了，一根够了，当心肚子痛。"

小姑一边咬着生的红萝卜，一边拿过来，要给我也吃一口。经过的爸爸狠狠瞪了她一眼。

"不能给小孩吃生的东西，小心有细菌。"

小姑说："不会的，在国外我吃了很多年。"

"你的胃和脑都跟一般人不一样。天慈，别吃。"

我屈服在爸爸的威严下，不敢从小姑手中接过那半根红萝卜。

"快点说呀！小姑。"

姐姐开始不耐烦了。我倒无所谓，反正我的冰棒已经吃完，可以专心听故事。

小姑很爱讲故事，如果她有空可以天天照三餐地跟我们讲，我们也很喜欢她说的各式各样的故事。

"爷爷的爷爷，也就是你们的曾爷爷，以前在上海可是很成功的商人，赚很多钱喔！"

听到这个开场，我很有兴趣，往小姑那边移了一下身体。

小姑继续说："我们祖籍是浙江舟山定海，你们知道这地方吧？就是一个江南的省份，离台湾不远，很漂亮的地方，希望有机会能去看看。"小姑若有所思地想着故乡，"那时候，也就是清朝末年，你们曾爷爷是个很努力的小孩。家里让他念书到十一岁，后来富有冒险精神的曾爷爷因为不想待在乡村里，就放弃学业跟着堂兄坐船到上海打工了。那么小的孩子一个人在外面，很多人都不给他工作，说你这孩子能做什么？还要吃我一口饭。他只能到人家家里做些零活，有一顿没一顿地生活，可是还是肯吃苦，认真努力。"

小姑话才开始，很快进入故事的节奏，讲话速度越来越快，一口气说了一大堆。我还在脑袋里消化"上海"这个新名词，她又抛了个"浙江舟山定海"给我。我一时间不太明白，只好选择略过，就想赶快知道曾爷爷到底是做什么的，至于这些地方可以长大后再去看看。

"你们曾爷爷叫陈宗绪，小名叫作小番薯。"

小姑知道我们爱吃番薯，刻意停下来。我和姐姐呵呵笑得互相推挤，说以后再也不吃番薯了。

"小番薯十七岁时，有一天在码头闲晃，遇到了一个英国人。英国你们知道在哪里吧？很远的地方，离小姑的家西班牙很近。"小姑不停说着。

奶奶打断了她："你的家在这里。"奶奶的口气中带着提醒和不服。

"姆妈在哪儿，我的家就在哪儿。"小姑赶紧聪明地回了一句。

当时的我不懂这短短对话的含义，大人总在不经意时说出心里最想说的话。对这个流浪在外很多年的女儿，奶奶必定是心疼的。母亲总希望儿女一切安好健康，女儿一个人只身前往远方，这绝对不在一个母亲能接受的规划里。然而，对女儿的无限支持却让一个甚少表达意见的母亲力挺女儿的决定。

所有被人们传颂的伟大传奇背后，都有隐忍着思念和担心的父母。所有义无反顾为爱走天涯的爱情里，都有父母夜晚的无私体谅与包容。当三毛享受掌声和欢呼时，家里总有人为小姑付出的健康担忧，因而熬上一碗养生的鸡汤。爷爷奶奶也许不懂小姑的梦想，不懂她的追逐，却懂她一步步走来的艰难与从脆弱到坚强的被迫成长。虽然心疼，但也只有支持。

我和姐姐倒是聊起天了。

"我长大要去英国，然后去小姑的西班牙。"

"我也要去。"

"你不要跟着我，不让你跟，你每次都学我。"

小姑不管我两姐妹在吵闹，继续说道："曾爷爷在码头碰到的那个英国人看他身体不错，就要带他去跑船，跑船你们懂吧？就是在船上工作，船开到哪儿就去哪儿。不会说英语的曾爷爷就跟着这英国人去全世界跑船做生意去了。"

我问："他去了什么国家？"

小姑说："很多国家，像是地中海、红海、印度洋附近的国家都跑过，跟小姑一样去了很多地方，只是小姑是坐飞机，曾爷爷坐船。"

"那我们爷爷是在中国出生吗？"姐姐还是问了比较实际的问题。

"是呀！曾爷爷跟这位英国人学了很多经商技巧，回到陆地上后做起了生意，成为江南的水泥商人，白手成家。后来，生了大爷爷和你们的爷爷，再后来……"小姑回答。

爸爸从不听小姑讲故事，这次也没听，只是在九点钟准时走过来催促我们快快睡觉。

小姑从来不理爸爸对小孩的管束，说了句："到我房间继续说，转移阵地。"

"哈哈，转移啦！我们偷偷讲。"我边说着，边跑到小姑房间。

爸爸在后面大喊："不要再说啦，早点睡觉，小孩子要早点睡。"

我们才不理他,各自在小姑卧室旁的小客厅里,乖乖躺在妈妈在地上铺好的床垫上,闭上眼静静等待小姑进来说故事的续篇,梦中等到的却是小姑的叹息和稿纸翻来翻去的声音。

夜猫子的小姑常常是挑灯夜战写稿到天明,也许是夜晚的宁静能帮助她清除白天的杂念,也许是夜晚她才能允许情绪进入自己的内心。写作是面对自己的过程,常常要一层层剖开,把真心给读者,往往得先把自己扒几层皮,所有的伪装都得诚实地卸下。小姑当年就是因为常常熬夜,加上长期写作造成了背和肩的老毛病,常常喊痛。奶奶总偷偷在门外张望关心,知道就算叮咛了再多,沉迷于文字的小姑也听不进去。奶奶只能默默在外守候,守候这个特别的女儿的兴趣和坚持。

有一次晚上,一辆经过的救护车的鸣笛声把我吵醒了。那晚我睡在爷爷奶奶房间,懒得爬起来,就听到了爷爷奶奶的对话。

"妹妹好不容易回来,又在想着跟《联合报》去南美洲了。她那背总是痛,偏头痛也总好不了,都是因为睡得不好,压力大。"奶奶低声说,"这读者的信那么多,每封都回要花很多时间。她也总是不好好吃饭,营养不够,在沙漠那种地方也没可以吃饱的东西,寄去的补品我看她根本没动过,又舍不得丢,带回来了。"奶奶一口气说了一长串在小姑面前未曾念叨过的话。

今天大姑和叔叔一家人来奶奶家吃饭,奶奶在厨房进进出出地忙了一整天,生怕我们哪一个没吃饱,出门没穿暖。虽然未曾和我们聊梦想,也不过问我们小孩的课业、子女的事业,她却把实实在在的爱都放在朴实的柴米油盐里。

旁边的爷爷在看报纸。

"这孩子就是不一样，上帝给我们的任务就是养好这个恩赐的孩子，她不属于我们的，她有自己的路。她心里的苦不是我们能弥补的，她在我们面前的平静也是在压抑，是她的孝顺，只要她快快乐乐地活着就心满意足了。"

爷爷说完把报纸整整齐齐地折好，放到旁边的床头柜上，关上了台灯，转身躺下，像做完了一场结案陈词，冷静中带着父亲的骄傲和释怀。

爷爷是个严谨却又风趣的人，从他的字迹就可以看出，诉讼卷宗也总是整理得工工整整。每次我们小孩吃完饭要下桌时，总会礼貌地说一句"大家慢慢吃"，爷爷总爱回一句"已经吃很慢了，还要慢呀！"他的幽默全给了最亲近的家人，换来一阵阵开心的笑。我想，小姑文章中的小趣味，应该也是遗传了爷爷的大智慧吧！

听了爷爷的话，奶奶翻了身，正脸朝向偷偷醒着的我，黑暗中我嗅到一丝泪光的味道。我不敢出声，我太渺小，小到无法安慰奶奶，也不知道该如何安慰，因为坚强的他们并不希望让子女看到自己在夜晚的脆弱，更不用说是年幼的孙女。每对父母和每个子女都不同，都需要学习相处，慢慢学会谁也不属于谁，却能彼此相爱与相容。

爷爷奶奶在我的成长过程中扮演了至关重要的角色，就像冬天的暖被子和软软的枕头，躺在中间都是被爱的满满幸福。爷爷奶奶对小姑的爱都表现在平常的吃喝穿衣中，平淡无奇，却在小小年纪的我的心里留下深深的感动。有一天我们都会老，到那时候都会理解我们年老的父母、祖父母。小姑走时正值我现在这个年纪，也许到这年纪的她也会有同样的体悟。

我们到了荣总已接近八点钟。奶奶躺在床上被病痛折磨得很虚弱，骨瘦如柴的身体让脸上的氧气罩显得很大。小姑在后来说的曾祖父白手成家的故事续集中提到，当年爷爷奶奶带着三个孩子，从大陆坐船经过几天几夜来到台湾。一路上奶奶晕船吐到脸色发白，还是抱着几个孩子不肯放，一路到台湾落地。这个坐船的情节，小姑后来写进了《滚滚红尘》的剧本里，也算是另一种记录了。

爷爷走近床边，举起颤抖的手轻轻抚摸奶奶的白发，一句话也没说。我们在旁边看着，也不忍打破这沉默。爷爷扶着床沿，很辛苦地慢慢弯下腰，低下头，在奶奶的额头上留下一吻，定格了几秒钟的深情款款。昏迷的奶奶内心应该在流泪吧！一个中国传统观念下的大男人是放下了多少面子和自尊，才能在子孙面前对妻子如此直接大胆地表达爱意。也许，他明白这是最后一次的温柔了。

当你老了，头发白了，最舍不得的还是她为这个家苍老的面容，和再也还不了的那份恩情。

《送你一匹马·说给自己听》节选

　　深夜的机场下着小雨，而你的笑声那么清脆，你将手掌圈成喇叭，在风里喊着弟弟的小名，追着他的车子跑了几步，自己一抬就抬起了大箱子，丢进行李厢。那个箱子里啊，仍是带来带去的旧衣服，你却说："好多衣服呀！够穿整整一年了！"

　　便是这句话吧，说起来都是满满的喜悦。

　　好孩子，你变了。这份安稳明亮，叫人不能认识。

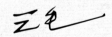

# 洋小姑

　　小姑在世的年代和现在截然不同，那是一个没有互联网的年代，没有社交媒体，没有即时的联系，没有全球资讯的快速传播。与现在相比，那是一个很慢的年代，资讯不对等，有很多的等待和想念，对于我这急性子来说肯定会很折磨，还好当时年纪小。

　　现在这个吃顿饭都是一堆数据的年代，本来就不多的时间被切成碎片，然后有成堆的小道具帮助你打发它们。有一回我闲来无事，在看小视频，在这里奉劝各位，还真得小心这些看似不起眼的短短的小视频。小则杀你一个晚上，大则杀了你一整个周末，后悔莫及却又爱不释手。

　　那天手机屏幕弹出的是天王周董，开了个地表最强演唱会，最后有个环节是和粉丝互动，让粉丝也能参与合唱，很贴心的安排。其中很多粉丝兴奋地一再强调的都是同一件事——周董对他们影响很大，是他们的青春。男同学每次成功与不成功的表白，都有他的歌作主打歌；每次被老师罚站，都想起他的音乐影片，悲壮又得意地以为自己是主角，可惜经过走道的女同学，一个也没注意到耍帅的自己。一个人能影响那么多陌生人，跨越年纪和地域，实属不易，所以说小时候乖乖听妈妈的话是有好处的。

三毛在世时，没有什么地表最强演唱会，也没能和粉丝一起合唱，却是一代人的青春。小姑平常和家人一起时，也会随口哼哼唱唱。有一回全家人去游湖，凉爽的夏夜，一家人在船上，徐徐微风夹着少许湿气，衬着水流的声音，小姑轻轻哼起了一首我没听过的歌。

"每个人心里一亩一亩田，每个人心里一个一个梦，一颗啊一颗种子，是我心里的一亩田……"

我想心里有块田！我要去你心里耕田，施肥撒种，长出美丽的花，然后好好灌溉它，保护它，就像小王子细心呵护照顾他的玫瑰花。虽然当时没有自媒体的快速传播，很多回忆也没能用影音记录，但三毛有的就是从书上一字一句细腻刻画出的情感，加上读者综合自己的生活经验，投射出对未来的期待，对爱情的渴望，对世界的好奇，本本创作都是三毛和读者的集体创作。

一直有很多朋友跟我说，三毛更像是一个一起分享成长的小伙伴，一个闺蜜，一个在远方的朋友，一个替你说出真心话的、在当时社会中勇敢做自己的女人，一个帮你实现梦想的人，一个替你先去国外探探路，体验一下再回来手舞足蹈地跟你说故事的旅伴——三毛是真实又遥远地存在着。

1979年，全家人一起去机场接从西班牙搬回台湾的小姑，只记得那是我人生中第一次见到那么拥挤闹腾的场面。爸妈拉着刚上小学的我和姐姐，整个现场闹哄哄的。我记得以我当时的身高，眼前高度就是那些机场里用来分隔人群的红色绒布线和可伸缩绳子的栅栏，而且其中很多都被推倒了。一堆男人穿着西裤的脚，还有女人为了工作在这种场合还要穿高跟鞋的脚，跑来跑去，匆忙而谨慎，杂乱又严阵以待。也不知道他们在嚷嚷着什么，好多人拿着摄像机，当时没有无线麦克风，都得拖着好长的电线。

当时还小的我生怕被电线缠住，紧紧抓着妈妈的手。虽然不确定是什么事，但我直觉家里出事了，远方的那位小姑要回来了。这些人都是记者，个个神情紧张，好像等着猎物出洞，然后张牙舞爪地扑上去。我们家人也在等候，却感觉到不同氛围，更多的是悬在空中的担心和准备好保护小姑顺利出关的架势，本来流动性很强的机场，此时这群人却聚集着停滞不前。两军对垒，我军明显兵力不足。

"来了吗？那个戴帽子的女人是三毛吗？"

"不是，那是个老外，你昨天没睡好吗？"

两位男女记者就在旁边说着。

爸爸说："这场面，我们都看不到人了，小姑下飞机一定累坏了。你们两个小的抓紧呀，别跑丢了，人太多了。"

爸爸皱着眉头，他总是容易紧张和不耐烦。我和姐姐如临大敌，不敢出声，紧紧跟着，小手紧紧被大人抓着。我看着眼前穿着黑色西裤和黑皮鞋，不停踱步的脚，他每踱一次，我就得顺着他的节奏闪躲那跟着移动的电线，以免自己被缠绕进去。孩子的视角和记忆总停留在一些不相关的小事和小画面上，却记忆犹新。

不知道等了多久，小姑终于出来了。她拿着纸巾，掩着脸，不知道是在哭还是因为刚下飞机很累。所有人以最快的速度有计划地将她层层包围，密不透风，包括本来在我眼前的那双脚，他的电线在混乱中居然也没缠上任何人，专业素养也是了得。小姑憔悴的脸被无情地凑上来的一堆麦克风团团围住，对肚子早就很饿的我来说，这看起来像很多层的冰棒，小姑却显然不太喜欢。

"三毛，三毛，能否聊聊你现在的心情？"

"能谈谈事情是怎么发生的吗？"

"你打算回来长住吗？"

一堆声音好像交响乐，分好多声部，和谐又不冲突地此起彼落，旁边一支支麦克风以小姑为圆心，整齐划一地用同一速度向同一个方向前进。荷西走后，小姑回台，是如此独自面对同胞的慰问。

小姑一句也没回答，我那高大的老爸一手抱住小姑，一手还抓着快被悬空提起的我姐姐，快步朝机场入境大门走去。妈妈牵着我和其他家人在后面追着，我拼命跑着，也顾不得那双小心翼翼保护很久的全新白色球鞋不知被谁狠狠踩了一大脚了，小心思在想早知道今天应该穿姐姐的鞋。

然而，这并不是最后一场和记者朋友的战役，好多年后的1991年，小姑离世时的告别式上也有好多记者。比小时候长高了的我没被电线绊倒，却被摄影师扛在肩上的摄录机撞个正着，当时现场太吵，没人注意到，我也就默默地挤进人群。和小姑相关的大场面，家人总是闹中带着悲伤和无奈，只有孩子在旁边看清了这一切。

小姑回来了，回到成长的地方，家人的身边，带着那颗突然被掏空的心。

回溯到一个多月前，台北的家里也跟着经历了几番风浪。大人们正在为爷爷奶奶的第一次远行做准备。当时的年代，出境游是一辈子的大事，我不确定那是不是爷爷奶奶第一次去欧洲，但我确定的是全家都很兴奋，期待爷爷奶奶去见那位大胡子女婿。

奶奶说："荷西喜欢吃月饼吗？吃的可以带上飞机吗？""妹妹一定想念中国菜，不知加那利群岛有没有中国菜市场，买不买得到材料做烤麸？"

爷爷没回答，把老花眼镜推上额头，看着旅行社给的三联复印纸式的机票，仔细检查日期、时间和班机号码。爷爷做事一向非常细心，那些英文地名都要仔细比对，模拟转机程序，紧张又期待。现在想想当时两位老人家真是身为父母却胆大无惧，这一路旅程不只是飞行的未知，还在无奈中发生了人生旅程的转折，他们却得坚强地面对，心疼女儿也憔悴了自己。那个物资缺乏，没有高科技的年代，情感的维系全靠默默思念，人心也是有着无比韧性，异常的强大，也或者是认命吧！

我和姐姐两个孩子围着行李箱跑着，偷偷翻翻爷爷的衬衫，把袜子塞到箱子里的小口袋，感觉自己像大人一样准备远行，小小参与一下这全家的大事。

"阿娘，小姑在哪儿呀？"我问道。

奶奶回答："西班牙，是欧洲一个国家。"

刚上小学的我和姐姐在课本上看过西班牙，老实说在一阵走神和瞌睡虫袭击中并没听仔细老师讲的那一段地理。当时单纯地

△　三毛、荷西和三毛的母亲

想那么远的地方，我是一辈子都到不了的，勉强随便听听，算是给老师一点面子吧！东西不能乱吃，话也不能乱说，哪天你真的踏上那片遥远的土地，遇到以为无缘的人，才知道凡学过必留下痕迹，脑中还会浮现你的小学老师一副早知道的表情。不知道三毛当年的地理和中文老师是不是早知道她会走遍万水千山，然后创作出无数好作品？

"小姑是和大胡子姑丈一起去的吗？他们会不会回来我们家？"姐姐一边和我抢着翻弄行李箱，一边拨开我故意要捏她的手问着。

奶奶说："荷西姑丈如果回来，你们会和他玩吗？他不会说汉语呀！"

"没关系，小玉的妈妈会说外国话。"

我一边装大人般地说，一边手还是试图去挑衅姐姐，虽然很难突破她的防线，可还是不放弃地发动攻击。

谁是小玉我到现在也没有头绪。有时候小孩会编造一些幻想的小伙伴，这是后来小姑回来后给我下的结论，也许是小姑的海外背景给我们造成的幻想。

"可不可以把我也带去？或者把姐姐带去，那就不用带她回来了。"

听说小姑住的地方有很多沙漠，那个只在电视上看过的会渴死人的地方，骆驼是不是背上都有两座山？好想坐坐那只大鸟飞机，虽然我有点恐高。

在后来的变故中，爷爷奶奶到西班牙的旅程也少被提起，大人都忙着处理后事和担心小姑的创伤。从机场回到奶奶家后，小姑被安置到安静的房间。为了让小姑好好休息，小孩们也被再三告知不要打扰，虽然过了几天后，我们就已经完全把这叮咛抛到脑后了。我们小孩对从那么远的地球另一头回来的小姑可是非常好奇的。那个遥远的地方住着什么人，他们吃什么，玩什么，看什么卡通，玩橡皮筋跳绳还是无敌铁金刚？我们有好多问题想问小姑，索性每天去小姑房门外张望偷看，趴在门底的缝外偷听。两个小孩窸窸窣窣以为别人听不到，这是一种孩子的天性，一种孩子独特的解决问题的方法，知道看着看着门就会自动开了，等着等着里面的人就会自己走出来。

"天恩天慈，你们在干吗？等小姑呀？"小姑还是出房门了，看起来很累。

"小姑，我们在看你。你会说外国话呀？"我怯生生地说道。刚刚回家的家人对小孩来说还有点陌生。

"你有没有骑过骆驼？"姐姐也鼓起勇气问道。

当时我们只知道这位洋小姑有很不开心的事，全家人虽然关心她，也不敢多问，给她太多压力。但是这种气氛，反而让小孩都感受到说不出的不对劲儿。说完不等小姑回答，我们就冲进小姑房间。一个一直想进去却不被允许的新天地，一位新伙伴，只是房间里少了一颗放在撒哈拉沙漠忘了带回来的心。

一进去是一个玄关，正面是洗手间，左边是卧室，右边是小客厅。左边小姑的卧室摆设很简约，长条形的空间，进门边上放着面对墙的木头书桌，桌上没有太多东西，可能是因为刚回台湾的关系，地上还堆着还没整理好的行李。把放在地上的床垫当床，是小姑一向喜欢的风格，靠墙那边还有矮书架，上头放满的书倒不像是刚回家的人的书架。房里的香味是我不曾闻过的异国情调，神秘而亲切。床上还有很多流苏的披风，这要怎么穿，搞不懂的时尚！我一屁股往床上坐下，把玩着小姑的床单，好像这房间什么都很新鲜。

"你们今天不上课呀？"小姑问起。

我们异口同声说道："放学了呀！"

姐姐说完就跑到对面的小客厅，"砰"一声把门打开。又是极其简朴的设计，木头的茶几，民俗风的小沙发和坐垫，又有一排矮书柜，上面堆满了《皇冠》杂志和一些洋文书。纸糊的灯笼从天花板吊下来，黄色的灯光很温暖，也有点黯淡。

"小姑，小姑，我们可不可以睡在你这里？"

姐姐问起，跟着跑进来的我也一边往地上坐，一边附议。

"我们可以睡地上。小姑，你要不要也和我们睡一起？"我接着提出意见，自信地认为真是个美好夜晚的提议。

"好呀，今天晚上我们三个人睡一起。谁要睡中间？"小姑终于有了点笑容。

"我不要睡姐姐旁边，她会踢我。"我赶快选好位置，也就是心想小姑能睡中间。

那晚，一块地板，三个孩子，两个睡得很香，一个睁眼到天亮，伴着雨声和想见却见不到的月亮。


此后的一个午后，我在奶奶房间里的柜子上爬上爬下，奶奶走进来，我下意识地以为要被骂了。奶奶穿着深蓝色的小旗袍，一条白手绢插在胸前布料交叉的缝里。

"怎么会这样？哎！还是不吃饭？"奶奶边说着边拿起手绢擦眼泪。

我正爬在柜子顶，不知所措地不敢说话。家里的气氛小孩是知道的，虽然帮不上忙，贡献一双小耳朵和无辜的眼神也是一种安慰吧！奶奶走出房间后，我赶紧爬下来，轻手轻脚走到昨晚睡觉的小姑房门口。经过昨晚的敲门成功，这门终于是开着。我有点胆怯地叫了一声"小姑！"还是害怕这天匍匐前进着偷看会不会被发现。

小姑回了一句："天恩还是天慈？"

小姑虽然当时正处在人生低谷，在难过中疗伤，看到小孩还是带着微笑回答，或者是不想吓坏两个每天在门外等候许久的小人影吧！

"进来。"

我和姐姐像等到芝麻开门的指令，其实又有点害羞地跳着冲进这个新天地。书桌上台灯还是像昨晚一样亮着，小姑用的圆珠笔和爸妈买给我们的都不同，小姑的字好随意、好率性，这样斜斜的字体肯定会被学校老师要求罚写的，而且我看不懂那语言。

"小姑，你怎么没有橡皮擦？"

一句冷不防无厘头的问话让小姑笑了。"没有呀，你们给我一个好吗？"

小孩的心灵疗法在这一刻自然地展开，没有特定章法，没有固定脉络，只有一堆童言童语做成的调养秘方。上帝的巧思，大人养小孩，小孩也用他们的方式抚慰大人的无奈和压力。

我大声地说："那边有个文具店有卖很多橡皮擦哦！"

橡皮擦，擦掉悲伤，擦掉奶奶和小姑的眼泪，然后再买几支彩色铅笔，画上新的色彩和笑声，创作出一幅新的画。

"你一定是想让小姑给你买那个爸爸不让你买的自动铅笔，我就知道。"

小心思一下就被我姐无情地拆穿，双胞胎哪个心里想什么坏主意都逃不过另一个的法眼。管它用什么方法，反正小姑愿意走出来就好。很可惜，第二天小姑还是没和我们一起出门，还是选择和我们在小客厅里玩。

我们三人约好下次要去那家文具店。那一天，是小姑愿意踏出家门，踏出心房的一大步，也是我们两个小孩给小姑心理治疗成功的一小步。南京东路的小街道，从此多了三人手牵手齐步走的身影。

想你想成的撒哈拉留在了远方，天上掉下的沙还是没越过太平洋。不起眼的童言童语在每天的日常中慢慢加温，橡皮擦虽然擦不干净那年中秋夜的心碎，却慢慢稀释了悲伤，填补了缺口，用最天真无邪的方式。

《送你一匹马·他》节选

他当然是生命中很重要的一个人。

……

又是一年，我回台湾，父母一同回来的，下飞机，他不知道要跟我说什么，那时候，我心情不好，一路上很沉默。他将我放在前座，开到家的巷子里，他掏出来一把钥匙来给我看，脸上是逼出来的笑，他跟我说："来，来看你的汽车，买给你的，二手货，可是里面要什么有什么，不信你问我，音响、冷气、香水瓶、录音带……你高不高兴？你看，买给你的车，来看嘛！看一眼……"我快步跑上楼，没有碰钥匙，他跟上来，我说："以后精神好了才去看——"那辆车，在巷子里风吹雨打了三个月，我没有看它一眼，后来，他没有说什么，赔了三万块，转手卖掉了。

爸爸贴了他钱，他头一低，接下了。那一霎，我眼眶有些湿，他根本没有什么钱，却贴出了财产的大半，标会标来的，给了我。

三毛

# 又见胖胖的他

小姑在《送你一匹马》这本书中有一篇文章《他》，对我来说意义非凡，写的就是我的父亲陈圣，陈家的长子，一个当年的胖子，现在的瘦子，虽然他总是说自己有个小肚腩。

小姑和我父亲看似是两个世界的人，一个清晨，一个黄昏；一个敏感而细腻，一个敏感而豪爽；一个是清高的文人，一个是市侩的商人。从小两人就水火不容，吵架、打架天天发生，看似互不熟悉，内心却彼此关心。姐弟间的情感，从不说出口，却在生命的关口彼此帮助，影响深远。

爷爷奶奶的四个孩子当中，三毛排行老二，上有个姐姐，我父亲排行第三，下有一个弟弟。我父亲和小姑各有各的叛逆，都没让爷爷奶奶少操心。小姑的叛逆是由内到外的，内在精神层面的超常发展，以致成长后的人生也不走寻常路。那个躲在阁楼中写作读书的女孩，心却飞到遥远的沙漠。十三岁休学，诗词书画，中外文学，样样喜爱，事事精通。她的内心世界就是她的一切，大过外在的冷暖阴晴，在外面的人很难推开这扇门进去，即

使她对人总是维持友善的客气。

我父亲却是个不重视精神层面的大俗人，喜爱美食、美女，年轻时最大的兴趣就是多赚点钱，多买几栋房子，年老时最希望家人平平安安，身体健康。他常常会在冲动时血压飙高，也常常会放下身段哄老婆孩子。一位所谓的公司老板，自己做的事却总比员工还多，工作时间最长，只因为要让员工能早些回家陪家人。到现在他还喜欢看美女，却每天发一篇对老婆的感谢文，情话说得我母亲都会背上几句。

就是这样两个极端的手足，激荡出的火花如此冲突而灿烂。

这样的两个人都让父母头痛。一个不适应当时的教育体制，以致宽容开放的爷爷让小姑在家自学，甚至当时其他兄弟姐妹都不知道小姑休学没去上课，以为只是短暂地在家养病。另一个虽然不爱念书，倒是有学上，常常翘课，跑去打撞球、看电影、泡妞、街边掷骰子、抽香肠[1]，每天都潇洒快活。好一个翩翩公子哥，还搞不懂这位二姐为什么总是闷闷不乐，有那么多的不开心，在他心里女同学的一个微笑都能让他开心好几天，大男孩的人生就是这么简单而美好。他和家里的二姐也没太多话说，却总关心晚归的她是否安全到家，口气却是不讨人喜爱的。青葱岁月里的姐弟，表面上互相不对盘，看不顺眼，心里却希望对方过得好。

小姑回台湾定居后，已经步入社会的我父亲给她买了一台白色的小轿车，不懂表达感情的年轻男人，送份大礼已是最大的表白，初出社会手头不宽裕的他，想必为了情伤的姐姐，也真是咬紧牙对自己狠下心了。这是他对家人的照顾，怕回家的姐姐没车不方便，也希望姐姐早日熟悉台湾的生活，忘记悲伤。伤心的小姑当时看了车一眼，并没有接过车钥匙，等着看姐姐欣喜表情的弟弟并没有等到期待的感谢。她对物质一向看得很淡，尤其在失去丈夫之际。一对不同世界、不同追求的姐弟。物质虽补不上内心的痛，却代表另一人的用心，做姐姐的何尝不了解。两人长大后，生活在一起也还是没有太多言语的交流，车子也在三个月后被赔钱卖掉了。白色本来是父亲喜欢的车子颜色，以为姐姐也会喜欢，知道在沙漠开车的姐姐也有

---

1　一种打弹珠的小游戏机。

△　三毛和她的大弟弟、作者的父亲陈圣

一部白色的车，又是刚回来，一定会不适应台北市街道的狭窄，所以特地选了部小车，方便姐姐在小巷弄里穿梭和停车。一年后，小姑自己买了车，也选了白色，也是一部小车，算是换种方式接受了当年弟弟的心意，后来我也坐着这部白色小车和小姑游历了大半个台北市和阳明山，车中多少欢声笑语，也是当时送车的父亲没想到的意外收获。

小姑对我们两姐妹却是万般宠爱。我们每次去奶奶家就期待着小姑起床，等这个玩伴起来跟我们讲很多有趣的故事。小姑她总在过了中午才起床，深夜写作看书是她的习惯，夜晚的宁静让人心静，才能除去不得已的客套与压抑。

小时候不懂，常跟小姑说："你是不是想在晚上偷偷把我们的事情写在你书上？最好把爸爸小时候一次偷吃十个萝卜丝饼，吃到拉肚子的故事写进你书里，然后不要告诉他。呵呵呵！"

两个小孩不怕爸爸，也爱小姑，这两位大人在孩子心里都是活宝，都有源源不断的笑料，是我们童年的开心果。长大才明白，看似幽默的大人都曾经历太多波折，一次次的妥协后化成几句自嘲，让别人开心，让自己释怀。谁又知道一个开心果当年努力从伤痛中走出，另一个也在创业的路上努力扛着说不出口的艰苦，两人都不容易，在孩子面前也都只有微笑带过。

我父亲是一个在成长过程中变化很大的人，曾经也很自豪自己的文字功底，我一度以为是给他以前那些女朋友写情书练出来的。

"你们爸爸以前总是在街上混，不爱念书，现在也不看我的书，只会拿去送给你们学校老师。以前自己不爱去学校，现在却常常等你们下课。"小姑一边翻着《读者文摘》，一边跟我和姐姐说，"那时你爸也是爱电影的，不只爱看，还爱说。"

"爸爸说他想当电影明星，像秦汉一样。太恶心了。"

姐姐大声说，一副不怕爸爸生气的样子。我们三人说起父亲的坏话，总是特别兴奋。

"你们在说我什么？我听到喽！"

父亲突然出现在小姑房间门口，抿着嘴假装生气。他高大的身躯有点疲累，想必是工作上有很大压力吧！

三毛是幸福的，能做自己喜欢的事，写作、阅读、绘画、演讲、说故事，后来创作电影剧本、音乐歌词、歌舞剧，甚至旅游和收藏，都是在她的艺术天空中快乐自在地游走，尽情挥洒天分而怡然自得。

小时候我的梦想是做个画家，这个梦想停留在奶奶家那片被我涂鸦成五颜六色的白墙上，此后也只是打发时间的消遣，画作也拿不出手。我和很多人一样，小时候的梦想也只是作文课上交给老师的功课，从来没能亲手实现。父亲的梦想是和电影有关的，也为此付出了努力。

"那时候你爸爸不上课，偷偷跑去电影院看电影，有时候还是偷溜进去的。他什么电影都看，英文电影也看，说自己国中时英文有多好，我看他也就停留在国中阶段的词汇量，除了装腔作势在女孩子面前唱过几首英文歌以外，也没听他说过一个英文词。"

小姑说着弟弟的糗事，口气却带着骄傲，虽然我们小孩都听不出这种坏学生有什么好值得骄傲的。

趁着肚子饿的父亲去厨房找奶奶，小姑接着说："有一次学校老师跟爷爷说了你爸爸翘课的事，那天你爸爸可是吓坏了，回到家不敢说话，躲进他房间。"说到这儿，小姑露出调皮的表情，像个看好戏的女孩，等着弟弟被骂。

"那天爷爷回到家，照常和我们吃晚饭，饭桌上一个字也没有提。我瞥见你们爸爸紧张的样子，本来很爱吹牛的他一句话也没说，真好玩。我在心里想你也有今天，等着看你们爷爷怎么收拾他。"小姑很是得意，问我和姐姐，"你们爸爸是不是很爱吹牛？"

"是呀是呀，他上次吹牛说他认识很多餐厅老板，可以不用等座位。然后爷爷说你是去花钱的，人家认识你也没什么好骄傲

的。如果你是去赚钱的，人家认识你才稀奇。"

我好像也抓到爸爸的把柄，附和着小姑，有种同仇敌忾的快感。

奶奶来叫我们去吃饭，小姑还是不放过揭开父亲儿时黑历史的机会，到饭桌上当着父亲的面也继续说着。

"宝宝，我在跟你女儿说你小时候的电影梦呢！"小姑看一眼父亲。

"电影我也就是看看而已，也不算什么梦想，没那么伟大。快吃吧，吃完快回家，要下雨了。"

实际派的父亲总在回避内心深处的探索，用眼前的生活杂事巧妙地掩盖曾经年少炙热而从未开始的梦想。孩子在他二十五岁时措手不及地出生，还一下来两个，从此他对电影梦绝口不提，

△　三毛和父母、姐姐（后排左一）、大弟弟夫妇、作者姐妹俩

取而代之的只有父亲的责任，而这一切都静静地发生交替，没有怨言，更没有时间回头再搞个明白。

"那爷爷有骂爸爸吗？"姐姐忍不住问。

"后来爷爷把你爸叫到书房，拿了纸和笔，让你爸在书桌前坐好。你爸爸以为要被骂了，垂头丧气的。"小姑吃完饭，坐在她最喜欢的单人软沙发上说道，"结果奇怪的是爷爷不但没骂他，还给他钱让他再去看电影，但是有个条件，就是回来要写看电影心得报告，还有不能翘课。"

小姑望向待在书房看报纸的爷爷，只有畅销作家的父亲才能想出这种鼓励孩子负起责任，又不失学习机会的好办法吧！

"所以我的文笔就是那时练出来的，英文电影还要用英文写心得报告呢！"父亲摸着吃撑的肚子缓缓地说，一脸得意。

虽然在我印象中从来没有人说过他的文笔好，好像都是他自己的想象。

其实小姑也是有电影梦的，她常常提起当时台湾新晋导演的作品《牯岭街少年杀人事件》《小毕的故事》等，这点两姐弟罕见的一致。小姑编剧的《滚滚红尘》上映时每天都有各种活动行程，非常忙碌。而我父亲也一直还是保持爱看电影的习惯，一个人去看了《滚滚红尘》。通常会选择港产搞笑片的他大概从谈恋爱追女孩子后再也没有看过这种文艺片了。看完电影回来后他没多说什么，也没跟他姐姐说什么鼓励的话，只是一直和朋友、邻居、同事们推荐小姑的电影，巴不得开车带每个人去戏院，管接管送。他嘴巴上说这电影很悲哀，不喜欢片中的战争场面，又说林青霞很美，总之说了一堆表面上不相关的话，就是嘴硬不肯说姐姐替他圆了这场年少时的电影梦。这也算是姐弟俩一起给这些年对电影的热爱交了份最有意义的心得报告，爷爷当年的苦心也得到了回应。

我念的初中和高中都是小姑选的台北市私立圣心女中。在初中毕业典礼上，小姑和父亲都是受邀嘉宾，上台致辞。小姑每次演讲，台下绝对都是爆满，学校老师都抢着去，连混在人群中低调的爷爷都挤不进去。父亲的演讲我倒是第一次听到。

"各位年轻貌美、青春洋溢的女同学，大家好，我是三毛的弟弟，四毛。今天我这个中年帅大叔有幸能在各位的毕业典礼上给大家说几句话。"

父亲一上台，厚脸皮的幽默引爆了笑点，我和姐姐脸上却有些尴尬。

"三毛说演讲要像女孩子的裙子一样，越短越好。今天我的演讲就是迷你裙，一定是短而精致，好看也好听。"

我真心佩服这位毕业生家长的良苦用心，想给学生们一个愉快的道别，他一向不喜欢哭哭啼啼。四毛的演讲意外地令人印象深刻，直到正牌三毛上台。

"那个四毛从小就是爱搞笑，我从来没说过演讲像女孩子的迷你裙越短越好，太短也有碍观瞻，不好看。演讲重点不在长度，而在宽度。我今天就来说说各位以后要走的路，要走出宽度，而不是长度。"

小姑一张嘴不只多了宽度，还多了深度。

就这样，两姐弟一个负责风趣，一个负责精彩，把一群十四五岁的女孩逗得很开心，我和姐姐也引以为荣。

两个曾经对生命充满热情和憧憬的人，在人生的高速公路上一个选择随心走走停停，享受路边的风景，几乎跑遍大半个地球，记录下最美的过程，至于能到达多远都不重要；另一个为了养家只能闷着头往前冲，实际而明确，目的地在全家人幸福平安的远方，下一代少点奋斗是他努力的动力。文人与商人，本质上都是热爱生命的，看似走着不同的路，却用自己的方式丰富生命。

无论文人还是商人，活在世俗中都有委屈，都得妥协。小姑当年拖着疲累的身体到处演讲，每封信件都亲手回，只因为不想让读者失望，不想让主办方多花钱，其中都有文人对现实的宽容。父亲当年一家家店推销油墨，陪人抽的烟都多过签的合约。从一个脾气火暴的少年，成长为一个处世圆滑的中年大叔，再到现在淡定无争的七十岁老人。岁月这把杀猪刀，人生这块磨刀石，对文人和商人都一视同仁，而我们活着的俗世凡间，文人与商人也必须共存，带着理解与欣赏妥协于现实中。

去年，父亲从加拿大回台湾过年。除夕夜晚，他招了一辆计程车赶去餐厅和家人吃年夜饭，下大雨的台北，好不容易坐上车，很是狼狈。穿着白衬衫面带笑容的司机是个年过五十的中年人。

"先生您好，去哪里呀？座位旁边有纸巾喔！"

两人聊起来。这司机不像一般司机总爱聊父亲不感兴趣的政治，反倒爱聊他那念大学的女儿。说起自己生意失败，亏了不少钱，付不出房租了，只好来开计程车。好一个普普通通的故事，没多少曲折离奇洒狗血的剧情，甚至诈骗警讯上的故事都比这个精彩。

我爸在后座以一个父亲的角色听得是一把鼻涕，一把眼泪，想起自己的创业维艰，将心比心，立刻要司机把车停在一家银行前，冒着雨冲下车，让司机等着别走。几分钟后，他又跑上车，手里拿着提领的一万块新台币现金，硬塞给这位司机大哥并说道："过年啦，快回家去吧，女儿在等你呢！"

五十岁的司机大哥很是惊讶，马上眼泪便湿了沧桑的面容。两个加起来过百岁的男人，在冰冷的台北街头相视而笑。

父亲在年夜饭的餐桌上和家人提起这件事，当然是一阵怀疑他被骗的老掉牙说法。

"你不常回来，不知道现在台湾是一步一小骗，三步一大骗，花招百出，你这算是初级班的，你一定是被骗了。"

我父亲对他们的反应并不惊讶，只是悠悠地回了一句："如果他是真的呢？我这钱也没白花。但我情愿他是假的，也少个有困难的家庭。"

他就是这样的一个商人，一个带着善心的商人，一个用世俗生活写人生的文人。

文人小姑在《倾城》中曾说过："因为我们每一个人都是独特的个体，我们有义务要肩负对自己生命的责任。"

感谢这两姐弟给我们陈家和社会带来的贡献，也给我的生命增添了很多缤纷的色彩和传承的意义。文人和商人互相依赖，互相守护，不用彼此了解，更不用勉强求同。

# 我和小姑

《送你一匹马·你是我特别的天使》节选

小姑：

　　我们一直等您，不想睡。可是也许会睡着。

　　您可以在这里做功课。谢谢小姑！

天恩

天慈　　　留的条子

一月二十六日 晚上十点钟

　　这张字条，平平整整地放在桌上。

　　再念了一遍这张条子，里面没有怨，有的只是那个被苦盼而又从来不回家的小姑。

　　"您"字被认真地改掉了，改成"您"。尽心尽意在呼唤那个心里盼着的女人。

　　小姑明天一定不再出去。对不起。

　　……

　　小姑没有回来，字条上却说："谢谢小姑！"

　　恩、慈并排睡着，上面有片天。

三毛

## 你才是我特别的天使

　　重逢无意中，相对心如麻，对面问安好，不提回头路，提起当年事，泪眼笑荒唐。提起当年事，泪眼笑荒唐，我是真的，真的，真的爱过你，说时依旧泪如倾……

林慧萍的这首《说时依旧》发表于1990年。

有一天小姑跟我和姐姐说："你们喜欢哪位歌手，小姑写的歌就给谁唱。"

"齐豫、林慧萍、金瑞瑶、王杰……"

当时不知道小姑歌词中的意境，只知道可以和偶像近一点也不错。后来这首歌发表，才知道是小姑亲身的经历，当时她并没有跟我们说过那次和故人的遇见，只是单纯想让我们也能参与她的创作。

小姑很少听中文歌，车上放的都是曲调清新的英文歌，没有太繁杂的编曲和配乐，也很容易上口。

"You are my special angel. Right from paradise. I know you're an angel. Heaven is in your eyes."

音乐从白色的小丰田中传来，仪表板上粘着三个手指头关节大小的塑胶娃娃，两个金发小女孩和一只站着的小狗，是读者的心意，小姑细心收藏着。我每次坐上车前座，就和这几个小娃娃对上眼，他们冲着我微笑。小姑开车不快，技术也不是太好。有一回在台北植物园还一不小心发动车后开进了水塘里，吓坏了水里平静生活的鱼和虾，还有旁边的记者、读者和家人，我们小孩吓傻之余也感叹小姑的真性情。

一个周六的下午，我和姐姐在奶奶家吃完午饭。小姑通常习惯晚上写稿，这天难得中午前起床，因为今天是个大日子，我们要搬家至阳明山上文化大学的宿舍。小姑说她要去中文系教书，帮助学生了解不用好好在学校读书，也能领会阅读的乐趣，得到知识。

"天恩天慈，你们把那几箱书先放上车。"小姑一边喝汤，一边对着我们大声吩咐着。

好几个封得紧紧的纸箱放在饭厅墙边，沉甸甸的，看起来是个艰巨的任务，真不明白小姑怎么会认为两个不到十岁的孩子能担此重任。

"我们搬不动呀！那好重。"我和姐姐刚吃完有点困，只能在旁边出张嘴。

书是用来看的，不是用来搬的，但把书搬来搬去的确是我们和小姑常做的体力活，每搬一次嘴巴上总会说，再也不多买书了，都来不及看完。下次一起去书店时，又忍不住兴奋地搬回好几箱，就这样日复一日循环着。最后每次都是我强壮的爸爸助了好几臂之力，才把那些书一一归位。

"到学校怎么搬上楼呀？"奶奶担心地问。

"到那再找人帮忙吧！"小姑就是那么随性，从不会无谓地担心。

"万一没人怎么办？你别自己搬呀，腰不好不能搬重物的。"奶奶又忍不住加了一句。

"台北到处都是人，不会没有人的。"

一个人的勇敢率性背后，总有家人更勇敢、更坚强的无限支持和包容，当然也免不了担惊受怕。

所有东西都被搬上了小姑那部白色小车，把小车压得很低、很辛苦。我和姐姐抢着坐前座，最后还是照老规矩来回轮流坐。当时我还真不知道为什么搬个家要带上两个小孩，可能是图个路程上的热闹吧！因为是周末，一路上车子很多，小姑战战兢兢慢慢开着，台北的车流可不允许她像在沙漠中那般任性地随便开。我和姐姐在车上吃着零食五香乖乖，喝着妈妈准备的养乐多。小姑的车比较人性化，不像爸爸不准我们在车上吃东西，喝水也不准，就差没有要求换拖鞋。一路上看看塞车风景，我们这天好开心地上山郊游去。

"Angel, angel whoa-oh-oh-oh whoa..."鲍比·赫尔姆斯深沉温柔的歌声深受小姑喜欢。

进入阳明山仰德大道路况平稳点后，小姑明显放松了，握着方向盘的手也不再十指紧扣，轻轻地哼起来："Angel, angel woooo, la, la...woo la laaaa..."

△　三毛和作者姐妹俩
◁　三毛和作者

我也忍不住来几句："Wooooo laaaa...la..."每句都不在调上。

小时候常会晕车，这种山路通常让我害怕，却只有在小姑的车上特别放松，常常笑得忘了紧张和弯路的曲折。

那天天气很好，却因为塞车以及小姑不熟悉台北的路，开了好久才到山上的文化大学。的确，周末的校园里还是有不少游客。小姑开到一栋不太高的白色建筑前停了下来，顺利找到两个路过的壮丁来帮忙搬东西上楼，那是个人人热心帮忙的年代。

我和姐姐狂奔上楼，迫不及待要闻闻这新家的味道，看看新房是不是够三个人住。白色的四面墙，深色的地毯，一室一厅，还真没什么新意，简简单单，勉强算有学术味。可能学校知道小姑有很多书，房里有个很大的白色书架，靠墙静静地等着被填满。壮丁在楼下楼上来回挥汗帮着忙，我已经急着想把箱子打开。

"那箱是小姑的衣服鞋子，你们不要动，等一下我们一起来挂，冬季夏季要分开放的。"

女人的衣服鞋子总是不让人碰，小小年纪算是见识到了。

又开了一箱才是满满的书，各种文字的厚书，还有我们的故事书也一起被带来了，以便我们来玩时能看。我和姐姐因为够不到太高的书架，只能放底下的几层，突然想起妈妈嘱咐要先拿纸巾沾点水把书架擦一遍。

"小姑，你有没有纸巾？"

虽然小姑常在她的文字间潇洒地游走，浪漫地体悟人生，面对上千观众演讲，可是有时候生活上的事还是不让人放心。答案真的是没有带纸巾，我不等小姑想出办法，立刻跳上车拿了盒装面纸，刚刚吃零食时把手弄得油滋滋，抽过几张，正好派上用

场。后来在一箱厨房用品里发现妈妈还是偷偷给小姑放了两盒面纸，妈妈就是我们最称职的后勤补给。

"陈老师好。"

一位穿着浅褐色薄毛衣、牛仔裤，头发整齐地扎了个马尾的年轻女孩害羞地站在门口，礼貌地叫了一声。

"您好，我小姑在里面，你是房东吗？"我姐姐问，生怕小姑忘了交房租，更怕今晚没地方可住。

"不是的，我们宿舍是学校分配的，我也不是房东。"

那位本来就害羞的女孩，被我们一番意料之外的回答吓得脸都红了。

"小姑，你学生找你。"我大叫着。

"其实……我也不是学生。"

那女孩硬是被两个小孩莫名其妙地安上"房东"和"学生"

的身份，很是束手无策。

"陈老师您好，我是中文系上的秘书，我也姓陈。系主任让我来看看您有没有什么事要帮忙的。"

小姑一出来，她终于大大松了口气，可以不用再和两个小孩乱扯。

"我们已经搬完了，不用帮忙。"我直爽地插嘴说，有一种你怎不早点到的意思。

"你好，你好，快进来坐。"小姑客气地招呼她坐在仅有的四张藤椅中的一张上。

我和姐姐坐在书架前继续整理书，也玩玩带来的纸娃娃，不知道一个娃娃的脚不幸还留在小姑山下的小木屋中，拼命在箱里找另一只脚。

"陈老师有没有教学大纲？我可以先准备好，下周一回系里再复印给学生们。"

这个女孩显然很认真敬业，一心想完成系主任交代的工作。

"教学大纲呀，还没有呀，我晚上想想。"

小姑像个忘了交作业的孩子，一时间分不清谁是老师，谁是学生。

女孩拿出一本《撒哈拉的故事》，眼睛都不敢看着小姑，小声地要了小姑的签名就开心地走了，也算是完成任务了吧！小姑也用签名成功逃过了一次交作业。

"我们出去走走吧！"小姑不理一地还没整理完的纸箱，怎能辜负这么凉爽的好天气和晴朗的好心情！我们三人一下子又上了不在停车格中而是停得歪七扭八的白色小车，然后小姑还是差

三毛给学生讲课

点迷路，摸到了一直想去的竹子湖。我和姐姐都是从小被保护得很好，没坐过公交车，不太习惯少了高楼大厦的郊区，一路上一块块的田野和乱跑的黑狗都让我们不知所措，不知道该下车还是待在闷热的车上。

小姑任性地把车停在一段竹篱笆的旁边，像个好奇的小孩快速下车冲到一个田边的小商店，完全不顾我和姐姐茫然的眼神。每次和小姑到一个陌生地方，她总是很愿意接近当地人，了解每个地方的习俗，哪怕只是小小的饮食习惯和日出日落平凡的家常事，也能引起她极大的兴趣。她和当地人总是像认识很久的朋友，语言不通也能鸡同鸭讲地聊上好久，笑声传遍一整条街，甚至成为以后深交谈心的笔友。

商店里有个穿着白色汗衫的老伯说着流利的闽南话，我以为小姑不会说闽南话的，其实她说得很溜。

"借问一下，海芋田在哪里？"

那位老伯面无表情，头也不抬继续弹着烟灰，用留着长长指甲的小手指指指左边路口。

小姑客气地回应："多谢多谢！"转头对在车上不想下来的我们说，"要不要下来喝点饮料，吃点东西？"

忙了一下午，小姑终于想到劳动过后很容易饿的，尤其是嘴馋的小孩。我和姐姐虽然不太信任那间没什么灯的小店，看起来不太干净，但总比待在车上饿肚子好，于是还是乖乖下车了。

"想吃什么自己选。"小姑指着墙上白纸黑色大字的菜单说。

身为小孩真没有点菜经验，一般都是爸妈点什么我们吃什么，大人们自然会知道我们喜欢什么，不喜欢什么，或者是他们喜欢我们吃什么，不喜欢我们吃什么。一下子拿到这自主权，还真不知道怎么使用。

小姑大概知道了我们的别扭，笑着说："以前爸妈、爷爷奶奶在旁边，你们总是没有机会给自己做主，今天在小姑这里，你们做自己的主人，想吃什么就点什么，别管价钱，别管什么垃圾食品，想吃就吃。"

我立刻把握机会大声说："我要吃凉凉的西瓜、冰可乐，还有布丁。"

"我要吃草莓冰激凌和卤味。"姐姐生怕小姑反悔似的快速说完，看了一下动也不动的老板，硬是把普通话转个音自创成闽南话地说了句"多虾，多虾！"。

"好，那我也来个贡丸汤。"小姑说道，也不管我们两个净点些奶奶一再嘱咐不能多吃的东西，只要我们自己做的决定她都无条件支持买单。

吃完后一肚子的冰凉，路痴的小姑居然还记得老板说的方向。我们顺利来到了海芋田。一下车，一片白。

"海芋怎么不是芋头色？"我好奇地问。

"是芋头长出来的花吧！"姐姐自作主张地回答。

小姑走过我们身边，耐心地说："海芋是一种花，长得像百合花，我们去那边看看。"

我们跟着其他观光客走到了田中央，还好有田埂小路，不至于弄脏鞋子和裤管，生怕回去被妈妈骂。我们除了睡衣，也没有带其他衣服应付小姑的一时兴起了。

白白的一片，一枝枝竖立站好，好整齐，好优雅，我心里暗自夸赞，我这辈子也达不到这种淡定的气质吧！

"小姑，你有没有看《天龙八部》，段誉和虚竹的草上飞很厉害。他们也许也会花上飞，飞过这些海芋不会弄脏衣角。"放弃了高雅端庄的志愿，我转念想起昨天晚上看的武侠电视剧。

"那是金庸叔叔的作品，小姑的朋友，本名叫查良镛，你们喜欢他，可以写信给他，小姑帮你们寄给他。"小姑这提议简直比海芋田还美一百倍。

"好呀，我要问他什么时候写《天龙九部》。"我睁大眼睛说。

我姐姐说："我要问他王语嫣的头发怎么留得那么好看。"

"好好好，你们今天晚上都写下来问查叔叔。"

小姑蹲下来，轻轻拨弄一片花瓣，凑上去闻了一下。我们也照着蹲下，做样子地闻一闻，其实有一点怕蜜蜂或其他虫类粘上鼻子，也没闻出什么芋头或百合花的味道，反倒闻到卤豆干的葱花味。

"小姑我们回去吧，爸爸说天黑了你就不会开车了。"我爸爸总是不太信任小姑在国外学的驾驶技术，当然不放心把两个宝贝女儿交到小姑手上。

△　三毛和金庸

一路上慢慢开，终于回到文化大学宿舍，小姑拿出两份信纸和圆珠笔，又在一张小纸上写上"查良镛"三个粗体大字，要我们模仿。

"金庸是他的假名吗？他不想让别人知道他的真名呀？"姐姐一边吃力地模仿这三个很难的字，一边问道。

"就像小姑叫三毛，也不想让别人知道她其实叫陈平。爸爸叫陈圣，没有假名，因为他比较胖，也比较高，不怕人认出。"我从小就能举一反三。

小姑坐在茶几旁的地上笑说："对，不能告诉别人小姑的真名。"

"小姑，你帮我们写吧，我要去画《我的童年》。"我一下就丧失了兴趣，想去画那本三百页空白纸做成的叫作《我的童年》的书。

这本书是小姑有一次去家附近逛书店，听店员介绍这是一本儿童创作书，就立刻买了两本给我们。厚厚的米色封面和封底包着塑胶套，里面是一堆光滑的两面白纸。一拿回家，我们两个小孩以为小姑买错了或者被骗了，拿了一堆没有内容的白纸给我们。小姑解释这是一本天书，天上来的书，全是白纸，要我们自己的童年自己画，也学习自己给自己的人生涂上色

◁ 三毛和父母、作者、作者的母亲及老师在圣心女中

彩。除此之外，还有一条小姑自定的规则让童年更为好玩——
一旦画上不能擦掉，只能想办法增添，可以用任何笔，可以画
可以写，也可以剪贴，可以撕毁揉皱，更可以多人一起创作微
缩版的人生。

我打开小姑白色书桌的抽屉，拿出一支粗黑的马克笔，毫不
犹豫地在新的一页上画了刚才看到的那块海芋田。海芋很难画，
一颗颗就是个椭圆形，下面加个直挺挺的根茎，我自信地认为画
得非常像，像到可以大老远寄给一位武侠名作家。在画了太阳和
几片云的天空上写下：查叔叔，这片海芋田给你，你可以在上面
写《天龙九部》，但是不要让虚竹活太久，因为他没有头发，不

▽　三毛和金庸

太帅。我大方地撕下来交给小姑。

小姑说："你这要给查叔叔吗？要不要上颜色？"

我回说："不用，武侠剧都是酷酷的，不要颜色。"

小姑也尊重我的想法，把纸折起来放进了信封，说一下山就去邮局，寄到香港。

我的童年开心就好，不用害怕画错、写错、走错路，不用害怕承认自己的不足和缺失。一支画笔，填满纯白的天真；两张纸，飞出小小的世界；三个田里扶持的身影，留下阳明山上的大小脚印。有小姑的支持与鼓励，一步步走出不同路的双胞胎不怕孤单，不怕分离，只要有童年一起创作的画册和笑声就已足够。

那天晚上，三个人本该挤在一张床上，梦中有海芋田还有武侠，而其中一人却在书桌上看书到天明。

2018年，我心中的大侠查叔叔和小姑在天上相见了，我在朋友圈写下"江湖路笑傲同行，人间情仗剑永存。R. I. P."，放了一张查叔叔和小姑并肩而坐的照片。不知道小姑当年是否有把我那幅很丑的画寄给他了？

《滚滚红尘·前言》节选

　　我之所以选择了以另一种文字形式来创作，主要动力仍出自对电影一生一世的挚爱。

　　……

　　在剧中人——能才、韶华、月凤、谷音、容生嫂嫂以及余老板的性格中，我惊见自己的影子。

　　诚如一般而言：人的第一部作品，往往不经意地流露出自身灵魂的告白。

　　这是我的第一个中文剧本。

三毛

# 三个小孩一台戏

　　每个人的童年都有很多回忆，大部分人都有想记得的开心回忆和恨不能彻底删除的尴尬记忆。我在这里不想把每个人的童年分类，也没这资格，只是想把我那些开心的、难忘的、有趣的童年回忆和有兴趣的人分享。也许不能借此改变你的童年记忆和现在的日常，至少能让你的成年生活——那些眼前苟且多于童年回忆的日子里，拥有多几分钟的快乐。这也就值了。

　　生不带来，死不带走。偏偏我和双胞胎姐姐是被打包一起带来世上报到的。也许团购的门票好买点，来到这个欢乐的家庭，也是幸运。

　　我的小姑，是你们认识的三毛，是陈家的二小姐。别说我老派，当时的社会称呼讲究礼数，不算是距离感，只是让邻里明白其家庭关系，也顺便把谁家的第几个女儿也分辨出了，大概是怕搞错吧。相反，我们现代人那充满个性化的网名，重在率性地表达自己。上网淘个宝贝，也能被叫声亲爱的，心里开心，二话不说立刻扫码付款。

三毛这笔名也许太一目了然了，但却实实在在表现出小姑的简单和直接。小姑以前还得意地说过，"三毛"两字笔画总共七画，三加七是十，十全十美，就在这平凡无奇的笔名里。看来以后给自己取网名，也得先算算笔画数呢！给自己取名，是拿回那个出生时错过一次的权利，取什么名字能表现想成为什么人。我和其他小孩一样总想扮演大人，给自己取一个不属于自己的名字。和小姑一起生活的儿时记忆里总有很多趣事。慢慢感受着小姑的想象力，带着我漫游其中。长大后回头看才发现，当时的日子很开心，也很怀念小姑叫着我的名字，那个存在她心里的名字。

有一次我们新民小学的国文课，老师突然说要办个同乐会，特别计划一个演戏的节目，要我们几个十岁左右的四年级孩子分组做起小小剧场，还一副大制作的架势。我们几个小鬼想演些特别的、角色多的有趣剧目，大家都能参与。我的小学导师是个年轻漂亮的美术老师，高高瘦瘦的，当时正值新婚。小屁孩儿们很开心，一向以资深教师、严厉教学出名的私立小学，终于有点年轻活力了。这位林老师，和同学很谈得来，大部分同学都很喜欢她的创意和亲切。后来因为小姑常常来接我和双胞胎姐姐下课，林老师也认识了小姑，成了朋友。在小姑的《送你一匹马》当中的《你是我特别的天使》这篇里提到的就是这位老师，而小姑也总是把我们身边的老师当自己朋友，她自己则是我们的家长兼玩伴。

长大以后才知道，不管是现实生活中，还是网络世界里，很多人都在扮演别人。扮演一个自己想做却做不到的人，扮演一个

自己内心深处的自己。

那场同乐会，我被要求负责编剧，不是因为我点子多，只是同学知道我家里有个名字很奇怪的幕后帮手，总能搞点有意思的点子出来，所以一份工作可以两人做。这真是买一送一，买个小茶几，送个大沙发。谁知道这幕后帮手，后来写出了《滚滚红尘》的电影剧本，也许这场小学生的闹剧还是个引子呢！

回到奶奶家，书包一扔我就往小姑的房间跑。奶奶家是两个公寓房子打通的单位，足够小孩子来回奔跑，练练体力，大人也可以练练嗓子。小姑住的是其中靠边的两居室，有一个卧室和浴室，还有个当时觉得很大的客厅和客厅中一堆的书柜。小姑的书种类非常丰富，中文书和一堆英文字母上带小点的西班牙文和德文书，大小不同，颜色各异，还有我最喜欢的《小王子》，各种文字的版本都有。比起爷爷书房那面黑色和深褐色为多，大小相同的严肃法律书籍墙，这一堆堆色彩丰富的书组成的背景墙可就平易近人多了，我们小孩也更喜欢待在小姑身边。

小姑在爷爷奶奶家的房间装潢很简约朴实，只有些木头的家具配上民族风的垫子。当时的我只觉得每个民族风的椅垫都有很多故事，好像都是什么人的嫁妆或是定情物，一针一线充满感情，小孩子因为这其中情感太重，不太敢靠近使用。

一下课，兴奋的我忘了敲门就冲进第一道门，被后头的奶奶说了几句，赶紧在第二道房门口紧急刹车，敷衍地轻轻敲了半下，没等小姑回应就自己打开门了。

"小姑，小姑，我们要演戏了！"

小姑坐在小客厅的地上看书，抬头回说："演戏呀？卖票吗？"

我也没听进她说的话，大声喊着："是林老师要我们演一场戏，也不知道演什么故事。"

小孩就是容易分心，前一秒我还为了演戏的事兴奋着，后一秒看到小姑书桌上从国外带回来的小玩偶，就自顾自地玩起来了。老师、同学的交代早抛到脑后，反正只要我交代给幕后帮手就算完成阶段性任务了。

"你们同学喜欢看什么故事书？"小姑一脸认真地说。她总是事无大小，只要知道对我们很重要，或是事情本身有趣、有新意，她都会非常认真地对待。

我和姐姐纷纷出了些烂点子：《侠盗亚森·罗平》《福尔摩斯》《小王子》《茶花女》《巴黎圣母院》《小甜甜》《科学小飞侠》等，最后两个其实是卡通片，也不是故事书。

小姑耐着性子，带着鼓励的口吻说："很好，但是你们班有几个人？几个人要上台演戏？"

"不知道，反正有很多。"对小孩来说，超过两个就是很多。

"那这些故事有很多角色吗？"小姑问。

"好像没有，《侠盗亚森·罗平》就很多坏人，没人要演坏蛋。"我说。

小姑终于出了个主意："中国故事呢？"

"《西游记》《红楼梦》《笑话树林》。"我和姐姐说。

小姑笑着说："是《笑林广记》。"

这些都是那时的我们似懂非懂地看过的故事书，是小姑一箱箱在东方出版社买的。每天下课，校车送我们到奶奶家楼下，我和姐姐都会吃着点心，迫不及待地看这些故事书，然后可以看一小时的卡通。没有手机的童年就是这么的单纯而美好。

小姑说："《红楼梦》里人物最多，每个人都可以有角色演。"

确实，人物多到我那小脑袋瓜是不可能记得清的，反正人多就好。

"那就演那个《刘姥姥进大观园》呀！很好玩！"姐姐说，我附议，心想只要别让我演那位想象中胖胖的刘姥姥就好。

后来，三个兴奋的"孩子"就开始七嘴八舌地讨论内容，说来说去还是选定《刘姥姥进大观园》这个欢乐的篇章，毕竟是个孩子的同乐会，一般的爱情戏码并不合适。

"让那个张胖胖演刘姥姥。"

"你演林黛玉。"

　　"我不要演，我记不住那些话。"

　　终于有个有点理智的"孩子"说话了："剧本不只是要有人物，还要有场景、道具、旁白、服装等。"小姑提出了我们完全懒得去理会的细节。

　　那怎么办，好像比想象中难多了。但是也挺有意思的，至少比背国语课本里那些文言文有意思多了。而且在学校排演，还可以不用睡午觉，可以随时去喝冰水，想想都牛。

　　一张张本该是作家用来写《撒哈拉的故事》的稿纸，活生生变成了小学同乐会的剧本草稿。我当时真觉得要把复杂的中文字塞进小小的格子里简直是一种酷刑，因为我的字很大，也奇怪小姑是怎么办到的。小姑的字也不是规规矩矩，直挺挺站整齐的那种，常常是歪歪斜斜的，无论中文和英文都是，这在后来很多有收录亲笔书稿的书里可以看到。

我们慢慢学着从人物关系、服装要求、场景叙述等前期铺垫开始，一句句对白以好记好念为唯一标准，以免几个孩子一下记不住，会没了兴趣。三个编剧一字一句，慢慢筑起一台戏，不在乎文学高度，只在乎轻松有趣的人生第一场戏。我心想也不会有人抱着学习中国文学，了解古代礼仪的心态来看这出闹剧吧！创作的人写得开心，演戏的人演得过瘾，看戏的人笑得忘我，对小学生来说就是奥斯卡最佳剧本了。

"小姑，要先写刘姥姥在乡下，还是先写她已经到了贾府？"我问道。没做过的事我总是依赖小姑的意见。

"你想先写什么都可以，但是要说得出理由。"小姑一向重视启发，从不指挥我们的想法，而是鼓励我们多表达自己的意见。

"我觉得要先演她在乡下，因为这样可以表现为什么她要去贾府，要不然突然出现会很奇怪，我们很多同学都没看过《红楼梦》。"我回答。

于是剧本交代了前因，刘姥姥要去贾府寻求资助，雏形渐渐出现，故事也逐渐完整。

"姐姐，你来想林黛玉，你最喜欢她了。"

小姑很了解我们两姐妹，她总是不着痕迹地关心与观察。没有孩子的她把我们当自己的孩子，从不说教，总是鼓励开放式的学习，对我们的成长有很大的帮助。三人带给彼此的欢乐一点一滴在记忆中筑成一座回忆的墙，墙上有小姑随意的涂鸦，乱中有序，带着爱。

"林黛玉身体不好，她不会出来见客的，不用写她。"我总是喜欢和姐姐唱反调。

小打小闹也是情趣，小姑总是说"双胞胎打架，自己打自己"。

姐姐不赞成我的意见，说道："不行，我就要写林黛玉，她也有病好了的时候，而且贾宝玉比较喜欢她。小姑是不是？"

于是，林黛玉就硬生生地在花园里采了花，还不能葬花，因为姐姐说花还活着。

剧本大致写完，三个小脑袋又动歪脑筋了。我们一边说着不管是谁演刘姥姥，都要给他/她穿上最奇怪的衣服，头上戴几朵大花，来几句不知道哪里的口音，一边模仿着走起路来扭来扭去的样子，手帕甩呀甩，再摔个四脚朝天。到底由谁来演刘姥姥呢？后来班上同学决定抽签，那个本爱搞笑，有点微胖的康乐股长，众望所归男扮女装地出演这个角色。当初当上康乐股长，他也就料到会有今天。可惜当时没有手机能拍照，要不然那些珍贵剧照对现在帅到分手的成年版康乐股长来说，好歹也能敲几顿神户牛排。

演出当天，我还是帮自己安插了一个小角色，一个给刘姥姥端上名贵鸽子蛋的家丁。我自己也认真地做了些角色分析和揣摩，设定成从小在荣国府长大，爱唱着歌干活的瘦小孩。看似一个不起眼的龙套，还是有不少内心戏的发挥，才对得起大师曹雪芹的细腻文字。唯一的一场上菜戏，盘子要怎么端，从哪里上菜，都和小姑排练好几遍，盘子里还放了一颗花生，代表那昂贵的鸽子蛋。一句对白也没有，全凭精湛的演技，我演得开心，也算是打响从幕后跨界到台前的第一炮。

男扮女装的刘姥姥扭着腰进场，是小姑特别交代要有的步伐。他手上拿着的手帕是小姑从欧洲带回来的，居然出现在中国文学戏剧作品中。因为经费有限，我们一人身兼多职，没有场记和服装，出了这点小错误，也只有高要求的三位编剧事后才发现。一场儿童闹剧在嘻嘻哈哈声中完全脱轨，没照剧本走，白费了我们铁三角编剧的一番苦心，好在大家玩得开心，也对《红楼梦》起了兴趣，从小鼓励我们多读书的小姑也算是达到目的了。

三毛在很多人心中拥有传奇的一生，用生活在创作，创作也来自生活。当年看她书的你，现在人生是否还照着当初想象的剧本走？喜剧、悲剧、闹剧、肥皂剧、偶像剧甚至真人秀，每句台词，每次过场都得算数，每场戏都不能重来。观众席有多少吃瓜群众都不重要，人生常常是场独角戏，不管有没有对手，都要努力演得过瘾，活得精彩。这剧本有太多意料之外的剧情转折，太多本色出演的即兴演出。三毛的人生是独一无二的，我们的人生也不能复制，科技再发达也不能掌控这人生剧本。当年小时候的那场戏，长大后还在回味，也就算出好戏了。

很多人看三毛的人生不外乎几种看法：欣赏、羡慕、向往、感叹或者是不舍的复杂心情。很多人是因为三毛而开始想好好看看世界，也有很多人的青春回忆里都有一个三毛，而那个三毛至今仍活在心里。我儿时和青春期的回忆里，没有三毛这位大作家，只有一个疼我们又爱和我们一起玩的大孩子三毛，一个总是有些调皮点子，总是让爸爸担心教坏我们不肯早点睡觉的小姑，一个爱说鬼故事看我们害怕样子的淘气小姑。在我看来，她的人生剧本是个孩子王，是个创意王，是个从不在孩子面前显露半点悲哀的可靠亲人。她过世后，我也成年了，后来大学毕业出了社会总有人跟我兴奋地提起她，跟我说他们心里的三毛以及他们替书中三毛写的剧本。

"你小姑是不是私下也很浪漫？是不是真有荷西这个人？"最常问的就是这些问题。

小姑真实地活在我的生命里，有血有肉，有贴心善良的优点，也有所谓自我要求极高的缺点。她是一个普通人，一个用尽每一分情感给心爱之人的女人，一个只想拥有平凡爱情和温馨家庭的渴望爱的女人。

如今我也差不多是她离开我们时的年纪，忙忙碌碌的每一天，在工作和梦想中徘徊挣扎，更是感同身受小姑活在人群中的不容易。人生就像当年那场孩子的闹剧，糊里糊涂、懵懵懂懂地来到世上，逛逛花花世界大观园，经历了一些，看开了一些，也妥协了很多，然后完全没有照剧本走，被时间推向意想不到的远方，回头看没演好的那场戏却已经不能重来。

上世纪80年代末，小姑开始创作《滚滚红尘》的剧本，我也有幸在2018年夏天认识了严浩导演，聊了很多当时小姑对电影的热爱，算是补上了小姑创作这部剧本时，我因为高中课业繁重错过的遗憾。想想小姑在小木屋中比手画脚，兴奋地说的每场戏，好像我们的儿童版《刘姥姥进大观园》。小姑总是对热爱的事全情投入，忘了吃饭睡觉，奶奶总是在旁提醒，默默担心。所有创作人都有几个担惊受怕的家人，当别人给予掌声时，亲人却在为他们的健康担心，同时也为他们实现梦想而欣慰。小姑在我们家人眼里就是一位扑火的创作人，为了作品可以快乐地牺牲一切，而多少掌声已是其次。

电影《滚滚红尘》推出后荣获了金马奖最佳剧情片奖、最佳导演奖、最佳女主角奖和最佳女配角奖等多项大奖。那个早在几年前就在我们几位小孩心里颁发出的最佳编剧奖，更是实至名归。

▽　作者和《滚滚红尘》导演严浩

《亲爱的三毛·是美德还是懦弱》节选

　　我的想法是，一个真正的完人，必须具备三个条件，那就是大智大仁大勇，这三个字真能达到又谈何容易呢？所以中国人说"好难"。好，真是难啊！

　　……

　　美德之中，当然也不能缺少道德勇气，不然，便是懦弱。懦弱的人，在我的浅见里，就是如你所说：除了滥好之外，一无可取。

三毛

# 女汉子手记

有人说三毛走了三十年，有人说三毛从未走，一直在我们心里。对于我来说，已经有许久没和小姑聊天了，没有听她说那些有趣的异国故事，也没有听她一直叫背痛，那个她长年写作留下的宿疾。小姑的形体走了，精神却一直悄悄活在我们的人生中，用各种方式再生和启发，默默地延续她的影响力。

有时候你不知道哪个人不知不觉就在你心里种了颗种子，有的人常常记得来灌溉，有的人撒完种就不见了，然后在你心里的种子还是天生天养地长大了，等你回过神，才知道当时撒种的人是用心良苦，我就是这样一个受惠者。

小时候总听小姑说起她旅游的经历和奇特遭遇，而近年很多人说小姑是女性自觉的先锋人物。在我看来，小姑是由内而外活出了女人的极致精彩，她不为觉醒而活，只是顺着心走。如今回忆起来，她的人生有几个关键词对我影响至深：勇气、自由、坚毅。

三毛在《亲爱的三毛》中回复了很多读者的来信，一字一句

都是小姑亲自回的。常常看到她在书桌前认真仔细地阅读来信，忘了吃饭，忘了睡觉，她就是总把别人的事放在自己之前。这种情感的交流简单直接，来信的人静静叙述心情，有少年的烦恼、情感的疑问、人生的困惑等，回信的人抱着交朋友的心态，希望能帮上忙，就算是一点提醒和安慰也好。我很喜欢这种情感的交流，慢慢地等待，一字一句更显珍贵。

在其中一篇文章《是美德还是懦弱》中，小姑回复一位读者关于美德与弱者的关系时，她说道："勇气是可贵的，极为可贵，又最难实行，如果凡事缺少了实行的勇气，再有智慧与仁爱也是枉然。"

我一直认为勇气不是天生的，小孩子可能因为无知而无畏，年纪越大因为懂得越多就越胆小。有一次听父亲说起和小姑小时候的事。

"你们小姑总是胆子大，我年轻时在巷口玩抽香肠，那个老板出老千，我们一群男生在那儿跟他理论，说不清楚，小姑经过就帮着我们跟老板说，一堆堆的道理，还一点也不怕那个高大的胖子老板。小姑就是这样为了真理会据理力争的人。"父亲接着说，"还有几次有个远房亲戚欺负奶奶，你们小姑也是站出来帮奶奶说话，大声把那人骂跑了，当时她才八岁。"我想父亲也很为小姑感到骄傲吧，虽然他从不说。

勇气其实没有我们想象中的高大上，我们都是凡夫俗子，包括小姑也是平凡人。我们没有拯救地球的超能力，也没太大的野心，我想小姑在文章中说的勇气是面对困难，走出舒适圈的勇气，在生活中把美德实践出来，不是在脑袋里空想，做个幻想中的圣人，自得其乐。小姑一直是很实在的人，勇气是她的善良化成的力量，她用一生成就了勇气的实践，从小时候为了奶奶挺身而出，到勇敢为爱出走，完成未知世界的探索。


当我小学六年级时，被选中代表学校参加当时很红的电视节目《大家一起来》，主持人是赵树海[1]先生。两队需要回答几个问题，对抗拿奖金。这是我第一次上电视节目，很是兴奋。

"小姑，我下星期要上电视了。我们五个同学要去参加《大家一起来》，我要先准备一下。"我从学校回来就跑到小姑身边，有点炫耀的心态。

小姑了解当时的我是个害羞的孩子，也有点胆小，只有在她身边有安全感，所以也活泼起来。"那我们来练习一下吧！"

---

1　中国台湾的主持人、演员、音乐人。

小姑把饭桌移到饭厅中央，让我和姐姐站在饭桌后面，当作是答题桌。她自己扮演主持人，开始问我们模拟试题。

"《巴黎圣母院》的作者是谁？"

"雨果。"我激动地拍着桌子抢答，昨天才又翻了这本书。

"《茶花女》的主角叫什么名字？"

"玛格丽特。"姐姐最喜欢这本书，抢答也比我快很多。

"接下来这题没有对错答案，要说说自己的想法哦！"明明电视节目里没有这种题型，小姑硬是来个创新，"说说你为什么要来参加这个节目"。

小姑的题目看似简单，要回答出亮点却不容易。

"没有这一题，我不会答。"我常常因为小姑的创意措手不及，却也佩服她的心思。

"你们拿出笔记本写下想说的大纲，再写成段落。"小姑开始教我们演讲技巧和准备方式。

就这样，我们写下想法，从罗列大纲到写成几个段落，小姑帮忙修改润饰，再让我们大声朗读出来。

小时候我并不爱说话，虽然在校成绩不错，也做过几次班长和模范生，但上台演讲一直是个死穴，最多硬背几句，说完就匆匆下台，谈不上享受其中的乐趣。

"好的演讲首先演讲人要自己很开心，很愿意分享内容，把台下观众当成自己的朋友，就是聊聊天，只是你在台上他们在台下。"小姑说起她多年经验，"台上一分钟，台下十年功，准备工作很重要。"

"小姑你的演讲都很像在聊天，都很好笑。"我一直觉得小姑的幽默感很强，总是带给人欢笑。

然后我们三人把稿子重复背诵练习，一道不会出的考题被小姑教得很有趣。直至今日我常有演说的机会，她的声音也总在我耳边。

我们平凡人未必能牺牲生命做个大英雄，能够克服自己的恐惧走出舒适圈已经花费了很大的勇气。身为创业路上的长跑者，还要天天接受不同的挑战。第一次谈项目时的胆战心惊，第一次销售时的不知所措，面对冲突时的不卑不亢，都需要平凡人的勇气、练出来的胆子和撑出来的心胸与沉着。我从害羞的小女孩变成了今天享受工作的女汉子，虽然还在学习，但很感谢当年小姑的启发与鼓励。

多数人对三毛的认识是从《撒哈拉的故事》开始的，书中流

▽　三毛在台北街头

浪异国的女子要面对各种读者很难想象的困难，生活中每天上演各种文化冲突甚至是欺凌，还有离家的想念和对战火的恐惧。我常常想，一段爱情真能够全能地包容所有现实的缺陷和人性的挣扎吗？我是没碰到过这样让我奋不顾身的爱情，不知道有多少读者碰到过，也真算是幸运了。

三毛的前半生是自由的，心灵和行动上都是，这是很多人一生渴求的境界。当时三毛住在阿雍旁的小镇上，相对于三毛，那里的女人却没有太多自由。《悬壶济世》一文中，沙哈拉威女人因为不愿意找男医生看病，情愿让小姑这位半路出家的沙漠医生看病；《娃娃新娘》中的姑卡，十岁已经嫁作人妇，父母之命没得选，只能认命。不同文化下，女人的地位不同，享受的自由程度也不同。小姑总说我们很幸运，城市中生活条件没有沙漠中的艰苦，但当时我还真不知道自由这东西的使用方式，只是单纯知道这是个能让人产生能量的好东西。


有一次放暑假，小姑打算和我们姐妹俩来段两天一夜的小旅行，还让我们自己选地点。两个十几岁的孩子心里只想待在奶奶家吹冷气、看卡通，随时随地有吃不完的甜食和奶奶无限的宠爱，根本不想大热天去不熟悉的地方过夜，更何况我们还不知道这两天一夜会不会很辛苦。从大家熟悉的小姑喜欢的游历方式里我只得到一个结论，就是小姑总喜欢往条件差的地方跑，这次不知道会带我们去哪里，我有点害怕她的冒险精神和半夜袭来的蚊虫。

"你们想去哪里呀？小姑听你们的。"小姑居然毫无预警地把选择权交给我们，当幸福突然来临时，总是让人不知所措。

"嗯，我们想想吧！"这事关乎之后的四十八小时是舒适还是辛苦，两个小孩必须好好商量一下。

"我们去翡翠湾吧？"

"翡翠湾上星期才去过，海边会很热，我们去乡村里吧！"我和姐姐很快决定。

"好，那我们找个乡村，小姑认识一些从事文化工作的朋友，我可以问问他们。但是不能太远，小姑不太会开车。"小姑很爽快地答应，还抛出另一项功课，并且说，"这一路上你们轮流做决定，我就听你们的。第一天姐姐做决定，第二天妹妹做。"

我们两姐妹从小被爸妈和爷爷奶奶宠惯了，虽然懂得好好念书，做个乖孩子，偶尔勉强自己陪爷爷去运动，最开心的是听小姑说故事，但做决定这项功课却从来没碰过，也从没人教过。

接下来的周末，我们跟着小姑来到一个乡村。至今我想不起来那乡村的名字以及在东南西北哪个位置，但是脑海里的片段画面却很清晰。小姑用她不太熟练的车技驾驶着那台马力不是太大的小白车，是怎么开到山上那村落的，至今也是个谜。在零碎的记忆中，车子是停在村子外面，我们在一群小姑的朋友带领下，边聊边走进这个神秘的村落。下车时我有些疲倦，相信独自完成几小时车程的小姑更是如此，她却还是很礼貌地和朋友、村民们问候，因为她知道这群人已经等待多时，一肚子的话看到车子远远驶近时早就憋不住，如果代入现代人的场景，就是等待恋人上线时的期待，一秒也是煎熬，续发的热情难以掩饰。

我们面前是一条很小的路，走着走着前面是段山路，然后再要沿着山壁走。小姑一路很高兴地浸身在山野中，完全准备好好享受这个周末的逃离，我想我们是选对地方了。我小心翼翼地走着，因为很少离开城市而感到不适应。天空阴沉沉的，脚下踩着的软软的泥，空气中湿湿的草味，都是我的童年中很少接触的。小姑在我们孩子心中也是另一个孩子，谈不上母亲的角色，不指望她能照顾生活，倒是可以让我们玩得很开心，也有一份她在身边的安全感。

几分钟后，我们来到一间农家红砖房前，房子并不大，门敞开着，里面看起来很黑，也没有声音。

"曹奶奶，他们来了。"一位在队伍最末端的大婶大声地叫喊，好像生怕被人抢了她的台词。

我们停在这房子的门前，因为没有人回应，大家都不敢进去。我偷看了小姑一眼，她拿下帽子擦着汗，没有半句怨言。

那位刚刚大喊的大婶果然是行动派，从队伍末端一下子走到前端进了屋里，探头看看，然后回头跟我们说："奶奶大概在厨房没听到，两个女孩在呢！"

我听出这是我们今天要住的地方，而且还有两个女孩做伴，应该会是不错的周末。

我们终于进了房屋，几个大人加上我们两个小孩已经把客厅挤满。

大家把小姑围在中间，一边朝着里面大喊："曹奶奶，三毛来了，你写信给她，她就来了。"

那位曹奶奶围着围裙从里面走出来，她是一位皮肤黝黑、不太高的中年女人，并不是他们口中的奶奶形象。

"三毛！你真的来了！"

她冲上去给我小姑一个大拥抱，旁边的人开心地笑，我和姐姐却不懂发生什么事，只是跟着干笑。小姑和曹奶奶问候完，一转眼看到坐在墙边木头椅子上的两个女孩，大概和我们一样的年纪，两个都穿着灰色衣服，闭着眼睛，双手下垂，到肩膀的头发很凌乱。两个女孩都一言不发，我想我们这群人吵成这样她们还能睡着，一定是很累吧！

"天恩天慈，快点过来打个招呼。"小姑的声音穿过人群把我和姐姐拉到她们身边。

我们在那两个女孩面前站住，说了一声"你好呀！"左边那个女孩回了一句"你好"，另一个没说话只是笑笑，眼睛还是闭着。

"好啦，拉拉手吧！"小姑说着把四只小手放在一起。

我和姐姐沉默了。这两个女孩眼睛看不到，耳朵却往上扬着。我和姐姐从小也有近视，所以对这一幕感到特别震撼，不敢走也不敢留。

我们不懂小姑来这里的用意。晚上我们没有在这儿睡，而是开回了台北。回到奶奶家，才知道小姑是因为看到曹奶奶家的空间有限，留下来确实打扰。

那天晚上睡前，我忍不住问："那两个小孩是看不到吗？"

"是的，我们去是给她们加油打气的。曹奶奶给我写了信，希望我过去看她们，她们常常听奶奶念我的书。"

小姑看起来已经筋疲力尽，我们也就乖乖在她卧房旁的小客厅地上打地铺睡了。这天本来该姐姐值班负责做大小决定，结果我们完全忘了这件事。

一星期后，有几个小姑在文化大学的学生来拜访，一群人在小客厅聊天嬉闹，大家都很开心。每个人都说了毕业后想去哪里、做什么。有的人想和小姑一样先狠狠地逛遍世界一圈，有的人想找份好工作，有的人想等男友当兵回来结婚，每个人都有不同的选择，一切都很理所当然。突然那四只不一样的小眼睛出现在我的脑海里，不知道她们有没有想去的地方，想做的事？她们想上大学吗？她们是不是也想去小姑的撒哈拉？她们有多少选择？我们又能帮上什么忙？一时间我为自己的木讷而内疚，没能和她们好好聊聊，只是呆呆地站在小姑背后，什么也帮不上忙。

　　自由不是随心所欲，不顾后果。自由是在有选择的权利时懂得做决定，在没有选择时保持心灵的自由。人活在世上，太多牵绊，太多不自由，有时候甚至还是自找的。我是个俗人，没能做到说走就走的潇洒，也没能做到想说什么就说什么，常常因为顾忌尴尬，硬生生把抱怨咽了下去，然后回家自己懊恼。所以我想小姑是想告诉我们，自由就是选择，而有多少自由就有多少选择的可能。因为文化和时代不同，女人确实需要更多的付出才能替自己争取到更多的自由，女人的坚毅也不容小觑。小姑曾说："我是一个像空气一样自由的人，阻碍我心灵自由的时候，绝不妥协。"随着年岁增长，生活的担子让我们也只剩心灵上的自由能继续守护与珍惜。


　　1981年，小姑从南美洲回来写了《万水千山走遍》，讲述墨西哥、洪都拉斯等地的游记，当时也做了很多场巡回演讲。小姑的行程一向是马不停蹄，常常回到家都是带着剧痛的喉咙、榨干的脑筋，相信压力并不小。

有一次小姑在台北中山纪念馆演讲，我的小学老师因为买不到门票，带着两盒三十六色的彩色笔前一天晚上来家里拜访，我父亲好不容易跟出版社拿了两张票给我的老师，第二天的美术课上，我的作品多了很多色彩，老师也顺利进入演讲厅。

那场演讲，人特别多，室内都坐满了。室外的广场上也布置了座位，没有买票"微服出巡"的爷爷就坐在室外的水泥地上听小姑聊了两小时，回来一直说旁边的学生不停在喊着小姑名字，吵得他听不清楚自己女儿的声音。

"妹妹呀，你累吧？今天人好多，我坐在外面，旁边的学生看到你出来都哭了。"爷爷等小姑一进门就抛出一句，父亲对女儿的支持含蓄而真实。

奶奶早已在厨房准备了饭菜，知道小姑一定是一场场访问接着演讲，根本没时间吃饭，又常常一聊起来就忘了吃饭。台上的三毛，侃侃而谈；台下的陈家女儿在父母眼中是最不会照顾自己的。每天三更半夜才开始写作，灵感一来，不吃不喝也要写，一坐就坐到天亮，腰酸背痛外加肚子饿是家常便饭。

小姑跟我说演讲的技巧就是台上一分钟，台下十年功，每次演讲前小姑更是要花很多时间准备，埋首书案。我和姐姐常常在奶奶家过夜，不肯回家，小姑卧室旁的小客厅就是我们的卧房。常常夜里我一翻身，望过长廊看到小姑卧室的灯还亮着。小姑阅读的速度很快，她有时会念她的新作品给我们听，一张张薄薄的稿纸散在床上，斜斜的一字一句，是小姑仔细斟酌下的心血。她握着笔的手指很细，有着我们家遗传的皱褶，握笔力度体现了那个年代人对工作的认真。她的坚持是一字一句的自我要求，她的修改再修改是力求完美的自律。

就在上次小姑教了我们演讲技巧后的一个夜晚，我好奇小姑是不是自己也实践她的理论，就跑到她卧室，打算侦查一下明天要上台的小姑是怎么准备的。

"小姑你在干吗？"我故意问。

"我在准备明天耕莘文教院的演讲。"小姑看起来很忙。

"那么累，有赚很多钱吗？"从小就很实际是我的天分。

"没有，不收钱的。"小姑和我相反，常常兴之所至忘了收钱，讲的人开心听的人受益就好。

"那你讲那么多场干吗？干脆不要讲了，和我们去翡翠湾玩，奶奶说你写字太多背会痛。"我很喜欢去小姑在翡翠湾的海边小公寓度周末，听她讲故事。

后来小姑又一连讲了三场，每场两小时，场场都爆满。她没有让听众失望，却让家人很心疼。这是女人的坚毅，也是对喜欢她的人的感谢。很多人崇拜三毛的天分、善良和浪漫，却鲜少人知道她背后的努力，长年挑灯夜战造成的僵硬的背和肩颈。我常常被指派的任务就是拿小姑收集的石头往她的背上敲。小孩使出全身力气，长年病痛的小姑还觉得不够，在旁边的奶奶是多么不舍。


如今我在电脑上敲着键盘，也是半夜时分。我没有小姑的文思泉涌，但也能深深地体会小姑的辛苦。万事起头难，坚持更难。沙漠中练就出了小姑的吃苦耐劳，把坚毅藏在温柔的外表

下。小姑的好友桂文亚老师曾在《三毛——异乡的赌徒》中写小姑曾对她说："你的失败，比你的成功，对你更有用！我之所以写作，也只是有感而发。我的文章，也就是我的生活，我最坚持的一点是我不能放弃赤子之心。"小姑青春正茂时写出《惑》《极乐鸟》等，都是少女内心的憧憬，《撒哈拉的故事》却是扎扎实实的生活，没有新婚的浪漫，只有生活条件的匮乏带来的窘境，处处是困难和努力适应。

　　我想，写作是小姑的自我疗愈，也是她对自我成长的梳理，甚至是自我安慰和鞭策吧！安慰自己现实的不美好之余，鞭策心里那个小女孩快快长大。也许有时候我们以为成就了某件事，事实上是某件事成就了我们。坚强隐忍的过程，疗愈了我们最不想面对的无奈与失落，一个女汉子也就被自我养成了。

《梦里花落知多少·春天不是读书天》节选

　　春天来了，没有人在读书。

　　⋯⋯

　　我的日子不再只是下课捏雪人，我的日子也不只是下课咖啡馆、图书馆，我脱离了那一幢幢方盒子，把自己，交给了森林、湖泊、小摊子和码头。

　　那种四季分明的风啊，这一回，是春天的。

三毛

## 学渣有奖

　　小姑是个很少看电视节目的人，却是第一个介绍益智游戏和节目给我的人。

　　前几年我在网上也看到一档很优质的节目《最强大脑》，就是那个让人开始怀疑自己的智商，又羡慕别人聪明才智的节目。节目中从全中国甚至全球网罗各式各样的记忆大神、大力王、数学天才、语言天才等，他们都负责在这制作精良的节目里让人满地找下巴，还心甘情愿地奉上如雷的掌声。有一次播出的节目里有个年轻人拥有超强记忆力、观察和分辨能力。测试的方式也很古怪，我身为观众，除了惊叹选手的出神入化，更惊艳于节目组的创意，考核方式既具难度，也有趣味，这次还很应景，更有小幽默。

　　这次选手必须分辨一百个小笼包，其中有两个里面分别放了"福、寿"二字。此后所有一百个小笼包一起放进蒸笼去蒸，参赛选手要从一百个包子·中找到那两个放有福寿铁片的包子。这包子在一般人眼里就是一口吃下的美食，刚出炉又特别香，选手却得忍着嘴馋，仔细观察看起来一模一样的包子，努力分区记忆它的特征，再一一记在心里。

每回看到小笼包，都让我想起我们家去餐馆吃小笼包的情景。小姑每次都会搞笑地说："看看这绑了发髻的汤圆！"然后把孩子们逗得很乐，还把头发往上抓起，模仿起绑了发髻的小汤圆。现在看来就是流行的刺猬头，加上一点褶子和流行的乳白染剂。蒸笼一上桌，热气扑鼻，小孩如我傻愣愣地盯着这些发型时髦的汤圆看，就会被大人念着说："快吃呀！趁热吃，包子是用来吃的，不是用来看的。"如今看过这节目的我就能回嘴："《最强大脑》上的包子就是用来看的。"

儿时玩的七巧板，是小姑从国外带回来的。一个方形的框里要放进七个大小形状各异的木板，小姑常常还要考验时间长短，虽然她自己也未必会在限定时间内完成。那是我接触到的第一种益智玩具，无聊的时间总被小姑拿来比赛，还会跟我们说很多国外益智节目的内容，当时看不到太多国外节目，所以我们只能靠想象和小姑的讲故事天赋，也对这种脑力激荡游戏产生了兴趣。

网上很多的三毛金句，我特别喜欢小姑说的："一个人至少拥有一个梦想，有一个理由去坚强。心若没有栖息的地方，到哪里都是在流浪。"天才也需要普通人般的努力，无论是天生脑细胞数比一般人多或是后天的训练，都需要有超乎常人的毅力。从小家里就教育我们要成就别人成不了的事肯定要忍受，坚持做别人做不到的事，克服别人克服不了的困难，对心理质素的要求也高于一般人。我们小老百姓和特斯拉的马斯克何止是智商的差别。人家不计成败地试射火箭，就为了完成送人类遨游太空这样一个看起来不可能的梦想。中间不知经过多少挫折，再加上不屈不挠和无边界的创意，可不是一般在家玩手机的阿宅们做得到的。其实不用多，只要比一般的自己少点拖延，多点努力、坚持和信心，你也可以上太空。

从小家里从没在课业上要求我们什么，成绩好坏在我们家从来就不是个上得了台面的话题，完全比不上哪家餐厅好吃，哪家书店出了新书这样的话题能吸引家人的兴趣。学业上我们一向是自己搞定，然后好坏自己负责，要补习、要家教也是自发决定，家里可以提供支持，时间上安排好就好。但在品格培养和礼仪训练上，却对我们训练严格，从没少要求过。在奶奶家吃饭可是件大事，摆好碗筷是我和姐姐两位小童工全权负责的工作。有几个人，谁坐什么位置，碗筷、碟子、餐巾纸放正，两根筷子高低齐平，都不得马虎。长大后有幸去米其林餐厅吃饭，看看这些摆餐具的细活儿，我可是从小受过训练的，对此并不陌生。

小孩要先上桌等大人入席，但是不能碰筷子，再饿也不能先吃，虽然奶奶每次都说"你们先吃，没关系"，但我可不想冒被骂的风险，就硬生生把口水咽了下去，心想还是再等一等吧！

"去请小姑吃饭。"奶奶吩咐。

对的，这也是我们两小童工每天的工作重点。我们知道边跑边叫不礼貌，又想赶快完成工作回饭桌上吃饭，就前后摆臂健步跑到小姑的房间，用上小孩的快速敲门法，咚咚咚！咚咚咚！

"小姑，吃饭了！"

一推门，两张小脸一左一右张望，奇怪，小姑怎么不见人影？我们只好跑到旁边看看，原来小姑在她的专属小客厅里听音乐，穿着白色袜子的双脚跷在木头茶几上摇呀摇，很陶醉的样子。

"You are my 张三，my only 张三。"

当时英语水平非常有限，只听得懂"You are my"，而"sunshine"硬被听成了"张三"。至于谁是张三，就懒得追究了。

沉浸在音乐里的小姑也不解释，回话说："我听完这首张先生的歌就过去吃饭哦！"

等爷爷奶奶坐好，大家也入座了，可别以为就能吃了，还有件大事得先执行。

"亲爱的主，谢谢你赐下我们日用所需的恩典，也谢谢你赐下桌上丰盛的饮食，求你洁净桌上的饮食，让我们吃了身心灵都得着健壮。感谢主，赞美主，这样祷告是奉主耶稣基督之名，阿门！"

然后，如果要加上其他感谢和祈求的话，就会有只小眼耐不住地偷偷睁开瞧瞧，往盘里的大黄花鱼瞧，顺便也瞧瞧旁边的姐姐。嘿！果然她也在偷瞧，我们四目交接，互相回敬一个长舌头，双手还是紧紧合十着。偶尔也会看到小姑好像早知道我们的伎俩，努力忍着笑，有时眼睛还是紧闭着或者跟我们眨个眼，就当作是我们三人之间的秘密。只是至今无法证实小姑是否看到了我们两姐妹的这一幕，偷笑却不说穿，她总是纵容我们的天真并且默默欣赏。

除了餐桌礼仪，在我们家身体健康也很重要。爷爷虽然文质彬彬，是位谨慎的律师，不过他也是一名运动爱好者。如果当时有健身房，他可能是里面年纪最大却最勤奋的会员，分分钟练出六块腹肌，放上微博秀秀，我们也因为有个精神奕奕的爷爷感到骄傲。爷爷从未放弃培养我们几个小孩成为运动健将的梦想，或者说是幻想。他希望有一天我们能在球场、田径场挥汗，然后他能在观众席替我们鼓掌加油。可偏偏我们一直不爱运动，天生手脚不协调，也常发懒不想动，体育课能躲则躲，墨菲定律就是如此。在我们小小心灵里，不能好好坐着的这堂课可是难度系数最大的一门，体育老师则是我最害怕又最崇拜的人。其实，运动这种事，就像吃青菜一样。小时候很多小孩都不喜欢，长大后为了健康，为了健美，自然会尝试了，还是发自内心、心甘情愿并引以为傲的那种。也就是说，运动这事对年幼的我来说不是不动，是时候未到。

▷ 三毛和作者姐妹俩

总是不按牌理出牌的小姑却来了个创举，有一次暑假，居然帮我们请了个家教老师。小姑从来不过问我们的课业，怎会心血来潮主动给我们请什么家教？不是数学，也不是英语，更不是她专长的中文，而是爷爷最重视的体育！！！这对年幼的我来说可是个晴天霹雳，说好的在家吹冷气、看漫画的暑假，怎么就这样每天被活活拖出门上课？爷爷以前是网球高手，常常带着我和姐姐去球场看他打球，我心里常想，这种快速跑来跑去，要求极强专注力和臂力的运动，还真只适合看看就好，至少服装很漂亮。

"是网球吗？我跑得很慢。"我吓坏了。

"网球还不行，你们还要练练体力。"小姑误会我想学网球。

说是家教，就是一对一的小班教学，盯着你不得偷懒，陪着训练体能，陪着打发暑期时光。每天吃过午饭，下午两点就得换好体育服装，穿上跑步的球鞋，被送到邻近的台北田径场准备上课。那里好多人在运动，有人跑步，有人拉筋，有人做体操，有人玩球，有人快走，有人就只是来看看。空气中弥漫着浓浓的汗水味和活力，还有人默念"我要健康"的宣言，大概没几个人是像我们两姐妹这样被拽着来上刑场的。

开始是几个简单的热身动作，拉拉筋，了解一下平时的运动习惯，其实我们根本连散步习惯都没有，只是偶尔跟爷爷去公园，在铁栏杆上爬上爬下，溜滑梯，荡秋千，运动量极小。第一堂课只是试水，让我们知道什么是自主运动。先来二十个仰卧起坐，我们在草地上躺下，轮流压着脚，慢慢地用小肚子把沉重的身体拉起，老师在旁边数着数。我心里想起中午奶奶做的青菜煨面，还有早餐的红豆面包，肯定都在肠胃里混在一起翻滚。平生第一次感觉自己的头好重，怎么拉都粘在草地上，一动也不动。再来就是重头戏——跑步。田径场的跑道跟我真不熟，那么大个圆，一步步跑了几圈，转得头都昏了，仿佛脚上挂了千斤重的石块。训练需要坚持，大热天的暑假，我本该趴在客厅沙发上，画着小姑送的那一大本叫《我的童年》的空白书，完成我的旷世巨作，画出自己的童年，怎会满身臭汗，黏答答地在这儿被烤焦？小小年纪的我只想冲去街口买橘子口味百吉冰棒，还有赶快回去跟小姑说我再也不要上体育家教课了。

一分一秒，终于熬到下课。爬回奶奶家，饿成两只小狗的我们拼命往嘴里塞小熊饼干配冰牛奶。

"今天好玩吗？"等了我们一整个下午的小姑兴奋地问。

"好玩，老师好棒，跑好久都不会累，还能和我们开玩笑说话。"我说着，手里赶紧抓一把饼干，以免被姐姐抢走。

"那好，以后阿爷可以多带你们去跑步。"小姑开心地说。

我姐姐瞪了我一眼，不知道是因为我说错话，还是因为我抢了她的饼干。

很快又到了下周的上课时间，怎不见老师？换来了老师的两位女学生，一个长发，一个短发，照顾我们这两个不爱跑步的小孩可是件苦差事。跟上次一样从热身运动开始，我常常觉得热身的运动量对我来说已是极限，热完身，全身已经发软了。这两位临危受命的女学生不但人长得美，而且很有耐心，对于我们两个耍赖的学生一直是连哄带骗地尽量让我们多动一下也好。当时正值爸爸妈妈从东南亚旅游回来，天空飞过一架飞机，我抬头仿佛看到回家拆礼物的幸福场景，眼前看不到终点的跑步也就有了盼望。

小姑在我们童年里说过最出名的一句话就是"你们考最后一名，就有奖"，这句话一出，常常把旁边的爷爷奶奶、爸爸妈妈都给吓坏了。这倒转的思维，像是倒着跑步的人生，不求最快，只求不同视野的愉快童年。然而，这种颠覆了固有求学观的打赌竞赛并没有想象中容易。

我在心里盘算着怎么拿到小姑准备的奖品，真得好好拟个"不读书计划"，设定个小目标，先退后十名，再二十名，再三十名，一步步朝最后一名的宝座努力前进，不对，应该是倒退。每次考试时，老师那尖锐的眼神，再加上道德感驱使，我不得不诚实作答，怎能明明会答的试题装作不会答，这是对辛苦出题的老师不尊敬呢！然而这场竞争，班上的对手可不少，一个个虎视眈眈，不念书、不做数学题、不记单词、不背课文、上课睡觉，连闭着眼睛都会的公民与道德都可以考个不及格的"好"成绩，真是个中能手，我自叹不如。我的"强项"只是记不住文言文课文，数学题和我关系也不太好，其他就没什么竞争力了，成绩老是在前几名徘徊，一个不留神，还跑进前三名，离得奖的最后一名目标越来越远。

小学班上有五十几位同学，要考到最后一名和第一名，难度同样都很高，还得算得准，一名不差，小姑也真是会出难题。

有一次我拿了成绩单回家给爸妈和奶奶看。小姑在旁把玩着她在各地收集的石头，嘴里哼着不成调的音符，一眼瞥见我的成绩单，摇摇头，失望地说："又是九十分，你什么时候才能考个最后一名回来，给我开心一下，我带你们去吃仙草冰或爱玉冰。"可是事与愿违，我又再一次让她失望了。不怪竞争对手太强，只怪自己能力不足，有负所托。前一和后一都做不了，只能做个平凡的中等生吧！

从小做班级后段学生的小姑，在《闹学记》里曾说希望教室就像一个游乐场。她努力在我们这两个小孩身上实现这个梦想，从田径场到教室，处处希望我们找到欢乐，享受学习。我们这两个孩子也在她为我们建构的游乐场里开心地写下童年的回忆故事。

这个学渣奖，我终究还是没能得到。其实小姑也就是让我们明白一个道理，她总是用好玩又有创意的方法来启发连很多大人都不明白的道理。从小喜欢一个人阅读的她，从来和学霸无缘，在学校也不是讨老师喜欢的学生，在那个年代受尽委屈。长大后我才明白没有什么学霸和学渣，全看你的专长在哪儿，兴趣

▷ 三毛和父母、作者在圣心女中

在哪儿。在数学上的学渣，可能是语文学霸，反之亦然。高分就能称霸，少几分就变成渣了，其实"霸"和"渣"的差别也不过是排序方向和观看角度的不同而已。人生在世，则是点线面、长宽高，甚至是四维空间的集合，是多维度的呈现。好与坏、对与错，岂是一条直线上谁先谁后就能简单评断的？只要葆有一颗爱学习的心，都该颁个奖项给自己鼓励一下，不管你是学广场舞的大叔大婶，还是学走路的三岁小孩。学霸或学渣都不重要，只要不停学习，都能活出属于自己的精彩，享受这游乐场课堂，并在人生跑道上得到喝彩。

《流星雨·钱不钱没关系》节选

我觉得一个人追逐金钱，绝对不是只为了"我爱钱"，而是因为他们知道钱后面有它高贵的意义在，而我已经跨越了这一步。衣食住行统统有了之后，金钱对我已经不是很重要了。

……

富，是在于怎样有智慧地支配金钱。我很会花钱，一百块台币我可以花出很多种类，我是一个很会用钱的人。

三毛

## 羊毛出在羊身上，猪买单

先入为主是种可怕的习惯，或者说是人性。常常有人把我定位成在文字里打转的文青，虽然我很享受文字世界，对于这个标签我也不反对，只是我的世界也不是只有和文字打交道，还有很多现实问题。虽然不美也不高大上，却是真实的生活，充满挑战性，我也享受其中的真实和美好。多元化的日子让我们的人生更丰富，也看见各式各样的风景，认识些有趣的人和故事。正如当年小姑常常和各行各业的人交流，从街边卖盐酥鸡的小贩、沙漠中的旅人到文学教授、西班牙杂志总编，她总说每个人都有自己独一无二的故事，值得花时间了解。

刚来加拿大时，每次和不同国籍的同学聊天，话题总是停留在文化差异的客套话上，或者是谈谈无关紧要的天气。彼此以为对方喜欢什么，以为对方是怎样的人，以为对方会有什么反应，一堆的以为来以为去。我们华人就以为西方人很会运动，数学很差，嘴巴甜会说话，很懂得过生活，是享乐派。相反，西方人就以为华人个个可以心算出十位数的算数，都是爱炒房的富几代，都会功夫，并师承李小龙。我和小姑一样，从小数学就不是强项，本以为来到加拿大，抱着侥幸心态，以为有机会因为西方同学更差而显出我还算不错，结果事与愿违。幸好现在只要有手机，汇率可以自动换算，至少钱不会算错，还能掩饰一下我的短板。后来发现，西方也有很多工作狂，脑子里内置计算器，篮球场上来个上篮总是光投不进，上台演说简直要他命，而且还很爱老干妈辣椒酱。

一般人眼中的三毛是个作家，大家从书中认识她的喜怒哀乐、异国生活趣事，从中了解她的那股仙气。这几年，有很多朋友跟我聊起三毛，也常看到微博、微信和网上的评论、各种原创文章的发表，字字真切，句句动情。有人说有幸今生看过《撒哈拉的故事》，这是何等大的赞美，感谢再感谢。同时，我也在想，从家人视角来看，这位我们小时候接触的、看起来平凡的家人，原来不只给我们很多欢乐和新鲜的观念，在同一个时空，甚至多年后的不同时空里，还有好多认识或不认识的人都受到她很大的影响和启发。当时年纪小，只知道上街会有人要小姑在书包上签名，还会顺便拍拍站在旁边的我和姐姐。签完名，她又变回到我们的小姑，一个好玩有趣，不会骂人，不会啰唆，喜欢生吃红萝卜，要我们勇敢做自己，也有点小聪明和调皮的亲人。

当时台湾流行掌上电动玩具，任天堂最火，但是没有彩色的，还是黑白机。同学个个都有，每天都会带到学校交换玩。在班上，我因为喜欢玩不同种类的掌上电动玩具，就做起了小小中

盘商，系统化承接交易，仔细把同学有的机种和游戏整理成一个清单。同学们来我这儿集中交货，我帮他们详细登记游戏种类，检查机器是否能正常运作，记录借出和归还日期、借机的同学姓名，并和其他班的同学交换我们班里没有的游戏，当然其他班同学也能来我这儿挑选我们班的游戏，我的好处就是每个游戏借我玩几天。谁说小孩没有商业模式，这可是共享经济第三方平台活生生的真实案例呀！后来，有幸得到资方入股，就是我的生意人老爸，小姑口中的俗人，给我和姐姐各买了一台任天堂。转眼间我成了有产阶级，这小生意也立马有了质的提升。

　　我的是绿色的机子，左右两边按键就是标准的任天堂按键，到现在这设计也没多大改变，上下左右和跳起键。游戏是一只小猴子，爬上爬下，翻山越岭，还得打败很多怪兽，吃一堆香蕉，流着满身大汗，就为了救另一只只知道吃香蕉、晒太阳的母猴子。同样是猴子，怎么有的就能吃蕉坐等别的猴来拯救呀？原来这游戏，用心良苦地教我们一个道理：虽然猴生而不平等，但是助人最快乐。游戏界我真服了任天堂的寓教于乐。

卖游戏机的是对面巷子里的书店，这书店因为有卖小姑的书，所以和我们很熟悉。选了很久，终于买到新游戏机的我可真是开心极了，从学校到家里，再从家里到学校，每天和那只小猴子忙着拯救行动。


玩了几天后，有一次在奶奶家玩起摆地摊的游戏，把一些玩腻的玩具加上零食、故事书、漫画书和文具通通出清存货，就像现在的周年庆和"双十一"特卖，不同的是当时是实体店的小本经营。为了吸引客人，其实也就是家里来来往往的大人，也得有点广告，于是我们像模像样地用彩色书面纸写了张大海报——跳楼大拍卖，一件不留。当时也不懂，一件不留就代表着所有玩具都没了，却能换来更多资本进货。

一家小店，小店主没什么心思招呼客人，只是盯着电视上的卡通《小英的故事》。一个客人上门了。

"这铅笔盒怎么卖呀？"小姑是第一个，其实也是唯一有童心跟我们闹的客人。

我心想，真有眼光，这铅笔盒只是摆着充充场面，日本制造的正版双子星娃娃图案，双层自动弹开系统，还有橡皮擦专属隔间。这等级的铅笔盒，要是在现代，肯定来个人工智能，手机应用程序控制灯光系统，让你三更半夜也能写作业。这可是我的镇店之宝呀！根本没打算卖的。

"这铅笔盒很贵，要一百块。"我回答说。

对一个小孩来说一百台币就是天价了，心里想着你肯定觉得贵吧，想让这位唯一的客人知难而退。

"我不用铅笔盒的，我看看其他的。这些全部都要卖？一件不留？"小姑问。

销售第一门课，就在这简单的问话中展开。一时间，孩子的内心戏很多，脑子里高速运转着。想起平常在旁边听老爸谈生意，以为自己也学了些，初生之犊不畏虎。买方卖方各怀心思，一来一往，还带着戏。买卖跟年纪无关，全看诚意，当然前提是产品质量要好，服务要到位。小姑站在如来佛的制高点，看着这孩子怎么耍猴戏。孩子认真起来，可是当笔大买卖在做。

"是呀！慢慢看哦，喜欢可以拿起来玩。"我带着大大的微笑回应，毕竟客户体验很重要。

小姑也很当一回事，来回仔细端详每件商品。她拿起一本《老夫子》漫画书说："这里面涂了色呀！"另一本《基督山伯爵》画了线。"这本也有画线，谁画的呀？"

小店主生怕被这位道行很高的客人讲价，连忙说："是呀，涂了颜色好看，画了重点比较容易看，免费送的服务。"

小姑看着这个为了赚钱，小脑袋转得很快的小孩，接着指着一个白色泰迪熊说："这小熊身上有脏东西呀！"

"那是阿娘煮的面条，你也喜欢吃的那种。"

小姑开始觉得这小店主可不容易，生意虽小，一句句对话在空气中来回过招。其中很多玩具还是小姑从国外带回来的，无本生意真是好赚。

"那个小钱包是不是欧洲货呀？哪儿来的呀？"小姑逗着我们问道。

在旁边一直没出声的姐姐抢着答道："是你自己给我们的呀，哈哈！你都不记得了，是你在欧洲买的，我们有两个。"

我们通过简单的摆摊角色扮演学着如何推销自己，优势和劣势，客人的需要和问题，能提供什么解决方案要先搞清楚。当时我们可不知道什么成本核算、市场分析，全凭孩子的单纯善良和客人的信任。2013年，我去了趟乌镇，街边小贩的叫卖声、讨价还价、商品陈列、努力讨生活的样子，一秒间带我回到童年的这次摆摊初体验。

"在这儿开店多久啦？东西还不错呀！"

我心想，小姑好入戏呀！我当然也得好好配合演出。

"新开的，都是爸妈买的东西。"我天真地说。

"那本《基督山伯爵》好像是我买给你们的。"

小姑常常会带我们去东方出版社买书，都是以箱计算，原来她替我们选了哪些书她都很清楚，也不是随便挑，只负责付钱不管内容的。她知道我喜欢侦探推理故事，姐姐喜欢公主王子幸福快乐故事，本本都记在心里，也期待我们看完书会有不同感悟，或者只是单纯地从中得到快乐，也已足够。

如果当时年长几岁，肯定不会把货品来源跟客人说的，可那时的我还是个商场小白，也就知无不言了。拉扯了几十分钟，奶奶来问我们要不要吃包子，我说好。

小姑说："买东西还送包子吃呀！"

"是呀！"

后来，我们就坐在沙发上一起吃起了包子，边看卡通。小姑好像忘了这笔悬着的买卖，顾左右而言他。我当然想尽快成交，心里七上八下。后来长大做生意，这种悬而未决的买卖比比皆是，每次我都想吃个包子给自己压压惊。

小孩子哪儿沉得住气，我忍不住了，于是说："那你要买什么？"

小姑说："就买你画过的那本《老夫子》，还有《基督山伯爵》。"

原来我的涂鸦还有点价值。收钱交货，客人转身看到那个任天堂的游戏机。

"这个多少钱？"

小姑肯定是观察到我最近迷上这游戏，故意说要买走它，试试我的反应，看我会不会舍得。有时候大人就是爱逗小孩玩，然后得意地在旁边偷笑。

"很贵，一百块！"

"好，我买。"小姑当然知道不止这价，还真是捡到宝了。

天呀！大生意。孩子心里的小剧场又开始了。算算老爸买了这游戏给我，我没成本，还玩了一阵子。我还跟隔壁班的同学换了玩她的抓青蛙游戏，虽然那游戏很无聊，好歹产生了点价值，也带给我不少快乐。再说那天在书店看到的另一个攻占城堡的游戏也不错，本来想买那个的。卖了这个，还可以去买那个，然后再跟同学换那个打太空船的游戏，那可是当时游戏界的天王巨星呀。这全盘计划可想得真美。

于是我勇敢地做出人生中第一个大决定。"好呀，卖给你！！！"

我开心得仿佛赚到人生的第一桶金，对着这位客人一直鞠躬表示感谢。第一天开张，成绩不错，可以早早收工，虽然心里有点舍不得那个小猴子的任天堂电动玩具。

爸爸下班回到奶奶家，看起来心情不错的他暂时还不知道我把他买的玩具卖掉了。兜兜转转，莫名其妙他成了无偿投资人。于是，我赶快跑过去在他身边晃悠，想要金主老爸再给我买新的游戏机，可以进点新货，下次再等这位贵客上门。对爸爸来说，小姑可是个孩子王，总有些让他担心的新想法，像是带小孩半夜出去走走，喝杯咖啡，打个枕头仗，说说鬼故事。好几次爸爸阻止不了，只能让奶奶去跟小姑说。但是我们三人还是枕头仗照打，鬼故事照说，还成了联合阵线，一致对抗爸爸的管教。

"非法"摆摊卖玩具的事还是被爸爸知道了始末，他并没有反对，就是特别关心货的来源和卖的产品。

他问我和姐姐："你们是不是把很多我买给你们的玩具都拿出来卖了？那以后我也不给你们买啦，这样我直接给小姑买玩具好了。"

我的小脑袋又开始加速运转，连忙说道："小姑不玩玩具，她喜欢书。"

爸爸回答："那你们就卖书给她吧，玩具她不会玩的。"

我心想也好，玩具确实有点舍不得卖，书看完了也可以卖给小姑再看。这下子这门小生意形成了产业线，货源也从爸爸那儿转到小姑那儿了，就把她买给我们的书看完再卖回给她。在房间忙着看书的小姑，还不知道这份账单已经转到她头上了。

第二天放学后，回到奶奶家，奶奶帮我们买了黄色的海报纸。我和姐姐随便吃了几口每天都爱吃的饼干，就迫不及待拿着签字笔画起广告海报。

"双胞胎书店！好看的书！"黑色粗体字大大地占满整张黄色的纸，我们请奶奶帮忙贴到客厅的墙上，小书摊就这样愉快地开张了。成堆的故事书、漫画书、《读者文摘》等整齐地摆了一地，两个小孩拿了两个椅垫坐在地上，笑着等客人上门，仿佛闻到金钱的味道，还夹着奶奶烧的红烧鱼头味。

"阿娘，小姑呢？"我没见到这位贵客有点急了，就转头问奶奶。

"她还在房间，不知道起来没？你们去看看。"

两个急着开张的小老板马上飞快跑到小姑的房门口。

"小姑，你在干吗？我们在卖书，你要不要买？"

孩子就是直接，还推销上门了。小姑其实早就听到这两个自以为聪明的小孩在外面忙什么，就等我们开张。她出了房门，不顾奶奶叫她先吃点东西，就来光顾我们的街边小店。

"这么多书呀？很不错呀，有没有三毛的书呀？"小姑还是贴心地鼓励孩子多动脑筋。

"三毛的书，哈哈，有呀，你要买几本？"姐姐回答。

小姑也配合演出。"我要十本，有没有签名？"

"有呀，有呀！"

从来只有别人跟小姑要签名，记忆中再也没听过她跟谁要签名，而且还是签在自己的书上。

爸爸说过做生意要灵活，不能死脑筋。我和姐姐跑到小姑的书房，搬了椅子，一个扶着，一个站上去拿几本小姑的书和一整套的《娃娃看天下》。我们开开心心地在小姑书房里来去自如，把所有三毛的著作搬到书摊里，打算全部卖了，一本不留。

"这是三毛的书吧！有没有签名呀？一本多少钱？"小姑忍着笑问起。

"我来签，我来签，你跟小姑拿钱，一本十块钱，签名要加两块。"我一边忙着一边跟姐姐说，一副小老板的样子。

我拿起一支铅笔，在书封的背面签了两个大大的字——三毛，很用力，很认真。

▽　　三毛、作者父母及作者的大舅舅魏晚峰先生（左一）

小姑说:"这不是小姑的签名呀?"

我说:"不是小姑,是三毛!"

小姑就是三毛,三毛就是小姑。在我们心里,她就是最支持我们的靠山和玩伴,总是愿意和我们在童真的世界里嬉闹玩乐。想象永远无边界,当时我也以为童年就是永远,永远能有她的陪伴。

这堂无价的行销课,意外地受用一生。后来我们的故事书没卖出一本,倒是小姑书架上的书搬进又搬出,一转手我们多赚了钱,她赚了欢笑,而出了这点子的爸爸也没损失。本来想要爸爸买的新掌上游戏机也没买成,精明的老爸买了一台超大的小精灵游戏机靠在墙边放着,就是那种要站着玩的大机器,很重、很大。他知道也只有这大小,才能防止再被女儿卖掉套现吧!

至于那台卖给小姑的小猴子游戏机,则一直躺在她的抽屉里,没见她玩过,直到她走。

《你是我不及的梦·呼唤童年——记忆里的关渡》节选

夏日的微风吹着一束一束的阳光，把孩子的脸吹成了淡红的，吹到黄昏，就变成一张淡棕色的脸了。

……

后来，我长大了，第一次约会，朋友问我要去哪里，我说："去淡水河，关渡。"

以后的很多年，只要回台湾，必去一趟淡水。那条河，不再是童年时的样子，岸边全是垃圾，河道也小了。

三毛

# 完人教育

　　小姑曾说她喜欢所有的花，五颜六色，有淡雅，有艳丽，有的则长得比较踏实。而三毛她不爱局限的花圃，而爱生命随着季节生长，灿烂和必然的凋谢。如果硬要选，小姑说过她喜欢白色的花，其中最爱野姜花以及百合花，百合还要是长梗的。百合带着高雅，淡淡不露痕迹的美丽透露着坚韧的生命力。

　　小学毕业，我也进了一所以百合花为象征的学校——圣心女中。这是一所天主教的教会学校，一所初中和高中一贯制的六年制中学，还有个小学部，二十世纪六十年代甚至还有女子大学部。这是一所不以升学为唯一使命，而是以完人教育为主要追求的学校。在当时以考高中、考大学为主流思想的教育界，这所学校的存在确实是很勇敢，也很另类。学校离我们住的地方很远，当时我们家住台北市，这学校在当时的台北县，现在称新北市。学校位于淡水对面的八里乡，在一座山坡上，远眺观音山，近邻淡水河，风景好到理所当然可以有一堆只想欣赏美景，不想好好念书的借口。

山长水远，我爸妈怎会知道这个学校的存在？还都得归功于我亲爱的小姑。当时小姑有很多的演讲邀请，各大院校、组织都来邀约。她特别喜欢和年轻学子聊天，分享人生，小学时我的同学来家里，都和小姑成为了好朋友，有时候我都不确定这些同学是来找我和姐姐玩，还是来找新朋友小姑的。小姑总会和他们说很多故事，有时也会扯扯我在家里的糗事。

"你们知道吗？天慈总爱赖床，每次奶奶午饭都做好了还在床上拉着心爱的小被子不肯起床，耍赖。起床后还要说姐姐天恩比她动作慢，跟她抢厕所。"

那时正值有点形象包袱的年纪，还真是又爱又怕小姑的真性情坦白，我可是会被同学笑一整个学期的呀！

有一次小姑受圣心女中的校长孙嬷嬷邀请，坐了一小时的车，来到这个世外桃源般的学校演讲。本来从沙漠中回到台北还不太适应，又厌倦城市烦扰喧嚣的小姑，对这个被大自然紧紧环抱的"野生"学校一见倾心，环境中轻松的氛围像极了小姑在家里著名的教育理念"学渣有奖"。学习成绩不重要，有趣的童年和成长经验才是她希望我们从小享受和追求的。

停车场在山坡下一进校园大门的地方，旁边的管理员伯伯负责给访客登记和开门。接小姑的车并没有停在校车停车场，而是直接开到山坡上的前院门口，校长和教务主任等人在前院门口迎接。通常开满各色花朵的前花园也是学生们放学集合，等待教官一声令下往山下停车场走的地方。

学校前门是以红色为主题的中国风建筑，红色屋檐和红色

△　三毛和圣心女中校长孙嬷嬷

柱子，一踏进门还是有种学校该有的肃穆和提醒学生该收收心了的巧妙作用。小姑一向对文化很尊重，对艺术很欣赏。面对这座古典和现代结合的校园，我的心里多了几分好奇。走过两边蝉声阵阵的大学之道，这是日本建筑大师丹下健三的作品，也是学校的修道院。大师作品就是让人赞叹，半圆柱形一路向上像极了船上的眺望台。伟大的建筑之美也为渺小的我后来选择这所学校尽了一分力。小姑一方面喜爱这所学校外在的硬件设计，但真正决定我后来六年落脚这所学校的幕后功臣还是她最在意的人文关怀。

　　演讲后，孙嬷嬷带小姑参观学校。来到一个影音室，一个班级的学生在看英文电影，门窗关着。孙嬷嬷一边和小姑说着学校的课程，一边随手拉开紧闭的窗帘。还没回过神，黑压压的室内

119

一群女学生的声音已飞快地传出窗口。

"是谁呀？孙嬷嬷！我们在看电影，赶快把窗帘拉上，太亮了看不清。"

孙嬷嬷说了一句："对不起，你们继续看吧！"

就这一句话，深深感动了小姑。一个学校校长没有半点犹豫地对学生道歉，只因为不小心掀了窗帘，妨碍到学生看场电影。旁边的主任和老师都只是摇摇头笑笑，满脸的宽容，这个教育方式和胸襟在当时的台湾着实难得。小姑于是"芳心暗许"，把我们姐妹俩也给"许"了。

小姑一回到家，迫不及待地和爷爷奶奶说起圣心女中的事。

"那是山腰上的家，让天恩天慈去那里上学，看看电影，赏赏花，听听蝉叫，走走大学之道练练体力，她们穿的制服也很好看。我也可以常去那里接近大自然，那边的修女人很好，很亲切，不吓人。"净说了些和念书、考高中、考大学没什么关系的事。

我有点害怕地说："在山上？会不会有野兽呀？"

请原谅一个连公交车都没有坐过的城市小孩，有时候有点无知。

小姑说："野兽我没看到，淡水河倒是有几只白鹭鸶。"

这回答还是没消除我的疑虑。

我姐姐也问："是不是要坐很久的校车？我会晕车。"小小年纪也开始担心现实问题。

爷爷奶奶和爸爸妈妈开始商量这件大事。爷爷一听到可以山上山下散步，甚至跑步，一心想着家里出个运动员的心愿有望达成。奶奶和妈妈也希望我和姐姐去调教一下礼数和心境，这学费的事就交给老爸了。一家人兴奋地商量着这个"山上的新家"。就这样，因为小姑的一场演讲、一个新发现、一群活泼的学姐和一位善良的校长，我和姐姐之后六年的青春就这样拍板定案，有幸在这个充满爱的环境中成长和学习。

到圣心女中报到这天是个晴朗的日子，爸爸开了快一个小时的车来到这山腰上的新家，因为找不到路，比预计的晚了一点到。报到的小礼堂人很多，还有好几位修女，看起来非常和蔼可亲，应该不会体罚吧！后来也知道这是一个没有体罚、没有教鞭的学校，只能说道理，动口不动手。好多家长和新生在填着一张张的表格，同学们好陌生，希望以后能找到好朋友。我和姐姐被分配到同一班，像小学六年一样，老师、同学都很头痛，分不清。后来有个历史老师每次看到我总会问："天恩还是天慈？"什么时候我的名字变成"天恩天慈"四个字了？但每次还得心平气和地回答老师千篇一律的问题，直到后来发禁开放，我俩的发型刻意不同，才有了自己的名字。

因为小姑钦点学校的这层缘分，小姑对我们的学校生活总是非常感兴趣，常常要我给她报告，只要不是课业上的事，无论大小，她都听得津津有味。什么上课、考试她没兴趣知道，数学作业也帮不上忙，倒是对学校的文化活动特别感兴趣。第一次园游会，人生第一次大大方方在校园里闲逛，吃吃喝喝，好不开心。国一的我只能参与，并不能担当太大的角色。高中部的学姐看起来好成熟，总是把校服穿得特别时尚，短袖衬衫也要把袖口折起一层，蓝色百褶裙在腰际也折上几层，看起来短一点，不至于在膝盖边不上不下，黑色的皮鞋总是干净光亮，配上特短的白袜子。园游会中，这些成熟的学姐负责最受欢迎的宾果游戏。我在看不懂的英文电视节目上看过宾果游戏，还以为是几个老太太打发时间的游戏。因为座位有限，我反而很想参与，毕竟进场票都得事先预购，还得请学姐吃上几瓶罐头八宝粥，才能多买几张票。这种饥饿行销在校园中可是早已发挥作用。

爸妈给的零花钱不能乱花，得先问问第三方意见，主张读万卷书不如行万里路的小姑就是最好的顾问。

"小姑，宾果怎么玩？"

小姑眼睛一亮，心想这孩子又来新玩意儿了。

"宾果就是一种数字游戏。"小姑回答。

"数学不好也能玩吗？"

我心想好不容易参加园游会，不用上课，我的脑袋可不想放进任何数学公式。但转念一想，小姑数学也不算好，甚至可能比我还差，她都能玩，我也可以。

于是小姑拿了几张纸，画了二十五个格子，写上随机的数字，又画了一张一样的格子，写上和第一张不同的随机数字，让我和姐姐拿好铅笔和一张纸坐好。我握紧铅笔，驼着背坐在小小的板凳上，有一种初尝赌博的兴奋，虽然宾果游戏和赌博扯不上关系。

小姑说："现在我翻书看页数，念到的数字，你们的纸上如果有就用铅笔圈起来。"

姐姐说："小姑，不能拿你自己写的书翻，你都会背了，会作弊，拿我的《茶花女》故事书翻。"

小姑无奈地放下《梦里花落知多少》，拿起一本注音版的《茶花女》。就这样，三人开始玩了起来。姐姐快要赢了，一直催着快点快点，倒霉的我连一条都还没有连成线。最后一个数字出来，姐姐开心地从小板凳上跳起来，吓了我一大跳，好生羡慕。姐姐还是赢了，开心地得到一本故事书，就是小姑新买的《巴黎圣母院》。我还是喜欢我的《汤姆·索亚历险记》，这口气有点酸!

贴心的小姑跟我说："没关系，你可以让姐姐看完讲给你听。"

我想想也不错，就开心地笑了。

学校园游会中，我还是没在宾果游戏中赢得什么奖品，却把自己喂得饱饱地回家，卤味、苏打汽水、绿豆汤塞了一肚子。

一进家门，小姑说："天恩天慈，我下个月去你们学校。"

"去见我们老师吗?"小心脏不是很受得了家长被请来学校见老师。

"是去演讲。"小姑满不在意地回答，好像把我们学校当她常常出入的地方。

"你要去讲什么? "姐姐问道。

小姑没有正面回答。"你们想要我说什么呀? 有什么不敢跟老师说的要我转达? 小姑不怕你们老师哦! "

那天晚上的祷告时间，我祈求上帝不要让小姑一时兴起，讲出我喜欢赖床的糗事。讲姐姐的事可以，还是不要好了，我们是双胞胎，怕同学搞错，阿门!


学校有个大讲堂恩德堂，是举行所有典礼和演讲的场地。这

世上有些人真就是有种奇怪有趣的吸引力，那次小姑的演讲却不是在这个有冷气吹，坐得舒舒服服的室内讲堂。当天，所有学生、嬷嬷、老师、没笑容的教官和可怕的教务主任都到篮球场集合，一人带一把教室里的椅子，整齐排在偌大的球场，还好没下雨。那位和小姑是旧识的孙嬷嬷首先上台，在升旗台上介绍着小姑。

"今天我们很高兴请到我的一位老朋友，但是她不老哦！她很年轻漂亮，相信你们都等很久了，她就是三毛，大家鼓掌欢迎。"

跟着小姑带着笑容上台，台下一片如雷的掌声还有一双双期待的眼睛。

这并不是我第一次听小姑演讲，但每次都让我想到第一次。以前在台北中山纪念馆也有听过，当时年纪小，坐在前排中间。听到一半，心血来潮地把手在空中甩，跟小姑打个招呼。还好小姑专业的演讲没被我这举动打断，还是流畅进行着，我却被父亲狠狠训了一顿，当时我的小学老师也去听演讲了，不知道他们有没有看到我冒险打的招呼。这次已是高中生的我，可就乖多了，再也没有给小姑丢脸。

"各位同学好！今天好特别，我在你们的篮球场来和大家聊聊天。"

我用斜眼看到隔壁班那个严肃的国文老师嘴巴已经咧到后脑勺。

"昨天孙嬷嬷跟我说，演讲厅恩德堂失火了，我们得换个场地。我赶紧说没关系，室外场地也好，可以一起来听鸟和知了的声音。"

小姑总是很宠爱我们，也总是能在逆境中挑出乐趣，让身边的人都放心，她贴心而善良。虽然我们家人知道她的背痛，不允许她长期久站和久坐，但演讲还是超时了很久。

会后，我和姐姐在校园前门等小姑一起回家。短短的一段路，见到好多同学不断跟小姑索取签名和握手，还不停地说很喜欢这场演讲。我很开心，也很感谢小姑的义气相挺，还有感谢上帝听到我的祈祷，我的糗事没有被提及。


小姑用她喜欢也擅长的讲故事方式向同学们传达珍惜年少的时光，多多放开心学习，帮助人，传达善心。正如我们学校有个百合花游行，也是传达与人为善的宗旨。一朵朵用白纸折成的百合花，不管你是手巧还是手拙如我都要亲手做，然后写上对家人、同学的祝福和心愿，全校同学在一首《传给人》的圣歌中绕校一周，再献上花，统一烧毁。折了几年的百合花，我还是学不会，折的花永远是营养不良、奇形怪状。

一次小姑看到我带回来长得怪怪的百合花，说了荷西姑丈送她百合花的故事。当年荷西姑丈下班回家，买了小姑最爱的百合花，满心欢喜、蹦蹦跳跳地回家。没想到小姑一看到，直觉反应说买花的钱应该省下来作为家用。她虽然是个浪漫的人，却被异乡生活暂时封住了感性。那么艰苦的环境下，小姑和荷西姑丈凭着爱和智慧好好相处，克服生活的障碍，所以百合花对小姑的意义远超过一切。因为小姑要求，我又用画图纸折了一朵仍然歪七扭八的百合花。虽然这朵花缺乏颜值，我还是很有信心地送给小姑，让她写上心愿，我明天到学校一起给修女们，献上祝福再烧掉，希望她的心愿能实现。


毕业后，完人教育出来的我们，并没有如预期中长成完人，优点和缺点都没少，反倒是在不知不觉中，一天天向现实妥协。

一次有记者打电话来找小姑。那个年代全家只有一台挂在墙上的电话，每个打电话的人都没有多少隐私可言。

"请问三毛姐在吗？我这里是出版社，我姓王。"

我转头看旁边因为肩膀痛，正拿着石头猛力敲自己的小姑。

小姑急着挥挥手，小声地用气音说："跟他说我不在。"

我立刻心领神会，自信地转过头对着电话那头大喊："小姑说她不在。"

对方安静了三秒，礼貌地道谢挂上电话。我得意地完成了任务。小姑一句话也没说就回房了，应该是去写稿了吧。文人的妥协也充满文艺气息，后来也经历了赶稿日子的我才能够深深体会。

中学毕业典礼在小姑的祝福声中落幕。三年前小姑钦点的学校，三年来，她也亲自陪着我们走过，这是我收到的最好的毕业礼物。从小学放学时在校门口数着树叶，到一遍又一遍山长水远探访山上的家，小姑一直陪着我们。可惜的是高中毕业典礼小姑却缺席了，就在毕业的前三个月，高考前。

虽然如此，在她最后的日子里，还是给了我最开心的少女时代。人生不长也不短，有机遇就顺着趋势走，没运气还是坚持努力。我们只能学习带着百合花的纯洁，在险恶的江湖中优雅地笑傲，不追求虚渺的完美，但求在不完美中展现美丽与刚毅。

很想知道当时小姑在那朵纸做的百合花上写的是什么心愿，后来是否有实现？

▽　　三毛、作者和三毛父母在圣心女中

《我的宝贝·笼子里的小丑》节选


　　并没有因此不快，偏偏灵感突然而来，翻出盒子里的瓷人——那个小丑，拿出鸟笼，打开门，把这个"我"硬给塞进笼子里去。姿势是挣扎的，一半在笼内，一半在笼外。关进了小丑，心里说不出有多么畅快——叫它替我去受罪。

　　……

　　以后许多人问过我这小丑的事情，我对他们说："难道——你，你的一生，就不是生活在笼子里吗？偶尔半个身子爬了出来，还算幸运的呢。"


三毛

# 天台的月光

台北的南京东路是个交通方便的地方，避开了繁华的逛街地段，也不属于吵闹的娱乐区，邻近后来开《回声》演唱会的台北小巨蛋体育馆，以前的台北棒球场。小时候爷爷特别喜欢运动，每天吃完饭总喜欢出去散散步，家附近灯火通明的棒球场就是他最常去的地方。

夏天的傍晚，其实温度还是很高，我生来有点懒骨头，借口爱安静喜欢宅在家，其实是懒惯了。我顶着装满奶奶做的豆沙八宝饭和腐皮包黄鱼的小肚子，慢吞吞地提起脚，一步步往前迈出，老大不情愿的，还有那碗萝卜汤也在胃里波涛汹涌，发出有点尴尬的响声。当时真不懂为什么大人总喜欢饭后散步，期望可以活到九十九，饭后就应该静静地看会儿电视，才能好好活到一百岁。

有一阵子有部电影《外星人E. T. 》，里面的小男孩们骑着很酷的捷安特脚踏车，黑色轮子又粗又宽，坐垫都是鲜艳的黄色或

白色，他们载着丑得可爱的外星人E.T.躲避警察的追赶，然后E.T.突然手指一指，一飞冲天。他张着大嘴，头发在空中飞扬，好不帅气。那部电影红遍全球，捷安特脚踏车当然也跟着流行起来。我很想有一部，白色的金属杆加上黑色座椅，还要有个火焰般的红边。很想坐上就立即会有超能力，不用再辛苦地走路。当时的我还不会骑没有辅助轮的脚踏车，虽然很心动想立刻就拥有，但也只能勉强接受老爸说要先学会骑才能买的条件，但是没车怎么学呀？

小姑在旁听到这段鸡生蛋、蛋生鸡的对话，笑着说："没关系，车子的事我来想办法。"

此后的几天我都好期待，偷偷观察小姑有没有动静，有没有偷偷去脚踏车店。过几天，小姑果然带回一台红色的脚踏车，不是捷安特，是传统的细车轮，铁杆和座椅都是无聊的全黑色，车身也不高，正常身高的小学生双脚还可以落地。

"小姑，这是你买的？"我怯生生地问，生怕小姑会错意，买了我不喜欢的车型，那个年代可没有七天验货期，不满意退款呀！

"你先用这台练习，我和别人借的，谁知道你会不会三分钟热度。"

"不会的，我不会只热三分钟。"

其实心里还是挺高兴的，至少我也是有车阶级了。此后每天饭后的散步时间，我就推着车骄傲地上路。我只能推着去棒球场，暂时还不能平衡超过三秒钟，离小姑说的三分钟确实有点距离。担心的老爸和看热闹的小姑组成了学车后勤小队，一人一边，一个不停说着"小心点，不要急"，另一个兴奋地说"骑快点，骑快就上手了"。我到底要听谁的？搞得我一会儿快一会儿慢，一会儿左右看，然后"啪"一声，屁股应声狠狠跌在水泥地上。

捷安特脚踏车后来还是没买成。电影下档，我也喜新厌旧地失去了兴趣，自由自在迎风飞扬的美梦也离我远去，我反倒还是喜欢黏着小姑，宅在一起看书的快乐时光。


我们常常去东方出版社，一箱箱书搬回到小姑的白色小车上，再一箱箱搬到小姑的小木屋——那个不算秘密的秘密基地。小木屋在育达商职对面的巷子里，在一个公寓的四楼，还有一个顶楼小花园，离爷爷奶奶家走路就能到。我去过几次，最喜欢待在一个堆满书的小客厅。我早已不怕立灯上挂着的那个穿着黑白色丝绸衣，流着一滴黑泪，坐在鸟笼里的小丑。鸟笼的门是开着，以前听小姑说过这从不关的门代表自由之门，要走随时能走，留下你就是我的了。好难的抉择，难怪小丑一直没有笑容。

　　这里还有个很大的木制书架，其实小姑的每个住所都少不了很大的书架。满满的书，有的成套像一家人，同一个色调，同样大小；有的单身一本，落了单，只能和旁边同是单身的书相互依偎着。书架上还有一组红色的套娃，被一个个分开了排排站，又是一家大小全齐了——全家人小小的红嘴微笑着，咧开一样的角度。短短齐刘海的俄罗斯姑娘看起来很和谐。我和姐姐第一次见到套娃时，还真被小姑捉弄了一番。小姑先说了一个上帝创造娃娃的故事：送子鸟负责快递婴儿到世上，一个个套娃大的生小的，都是从肚里拿出来，还祖宗八代都长得一模一样，我还以为全天下都和我们一样是双胞胎呢。此后，这套娃就变成我们每次去小木屋必要把玩的玩具，玩完后谁也没耐性一个个放回肚里，就让它们一直排排站着。

"小姑，你的书架放不下了，可不可以把书放在这个缸上面？"

我和姐姐爬了四层楼已经气喘吁吁，其实也不过搬了五本大概一百页的故事书，就恨不得立刻把它们放进书架旁的一堆缸上面。这些不起眼的瓦缸，从我们有记忆以来就一直在小姑身边出现，让我一度以为是所有有故事的大人都该有的基本配备，里面装了很多宝物，有点神秘感。有时候和小姑去家附近的茶馆"茅庐"，也是这种装饰。门口有好多小姑当宝贝，但是放在门口也没人偷的古家具、破瓦罐、陶瓮、大水缸、花盆，房里墙上排满了各式各样的茶具、茶罐，地板也是瓦片。冬天去本应觉得有点冷，可每次小姑的朋友都非常热情地招呼我们，让小小的地方多了很多温暖。

"不行，那些缸都是小姑好不容易从各地收集搬回来的，放上面会破的。"

才不等小姑说完话，我已经把书放在了缸的旁边，人坐下来就开始对这些大大小小的瓦缸、土窑、陶器等瓶瓶罐罐产生了兴趣。一个深褐色的瓦罐，大小大概比篮球大一点，上头盖了个浅褐色的厚木头板，我以为里面储了水，心想小姑是不是害怕突然停水。

"你掀开盖子看看呀！"

小姑一边整理书，看也不看就知道我想掀开盖子偷看，这点小心思怎么逃得过她的法眼？既然得到允许，就正大光明地掀开看看。

"怎么是空的？"小手怯生生地伸进去掏了一掏，害怕有些不明生物来咬我的手。"没有东西呀！"我晃了一圈很快把手伸回来。

"你们俩一人认领一个缸，以后就放你们自己的东西，别人不能看，放什么都行。"小姑说。

原来那瓦缸是空的。

"我就要这个吧！反正我已经掀了它的头盖子，总得对它负责。"

我赶紧先占先得，放了一本小本的《小王子》进去，那是上次一起去书店买的，每次来小姑的木屋都会翻翻。

小姑也选了一个从苗栗带回来的大一点的缸，好像是泥巴做的，像没烧好，跟着放了一堆用橡皮筋绑好的信件进去。

"那些是谁的信？情书吗？好多封呀！"姐姐带着邪恶的眼神大声说。

"那些是读者写给小姑的信，晚上我们一起来看，你们也可以回几封。"小姑马上分配了今晚的任务。

我和姐姐躺在充满南美风情的红红绿绿的地毯上，我继续看着《小王子》，拿了一张稿纸画起书里那只被小王子驯养的狐狸。有点饿了，我小声问今天晚上吃什么。精神食粮和肉身补给同样重要。

小姑不是个妈妈型的女人，她常常和我们玩得开心，忘了吃饭睡觉、天冷加衣的琐事，我和姐姐也习惯了要自立自强，定时提醒，以免饿着自己，回去还被妈妈念。

"阿娘会拿牛肉面来。"小姑毫不担心地回答。有奶奶就不用怕饿肚子。

吃完晚饭，小姑家没有电视可看，因为她嫌吵。吃饭的桌子是一个棱棱角角、没有完美形状的木头桌子。桌面是几条厚木板，上面有好多大小不等的坑洞，我常常会以为是我或姐姐在上面写字时不小心弄坏的，心虚的洞。凳子就是两条长木头加了几只脚撑着，没有靠背，聊天到开心时常常一不小心会摔倒。真是让人提心吊胆的桌椅，小姑却把它们视为珍宝，花了很多时间坐在这里创作。

"我们来看小姑的情书。"我迫不及待地要求。

一旦别人的东西被放入瓦缸里，盖上盖子，就瞬间涂上了神秘的色彩，特别勾动我的好奇心，总想拿出来看看。

"好，去拿过来给小姑。"

小姑吩咐我去拿，姐姐也跟来了，大概怕我偷看她的那个瓦缸。一封封亲手写的信在木桌上摊开。要写给偶像和喜爱的作家，一字一句可都是仔细斟酌，从选纸到用笔，小心谨慎。三个人屏着呼吸，带着尊重一封封小心地拆开。

"谁要来读？"小姑问。

"短一点的我来读。"狡猾的小孩。

还是小姑自己读出了第一封读者的来信。她看文字的速度飞快，但是嘴里读得慢，有时嘴里来不及读，眼神已扫到句尾。我总是喜欢看她的侧脸，长长的睫毛。我不记得具体内容了，只记得是个高中生猜来猜去的小小暧昧心事。虽然如此，小姑却像处理国家大事一般地认真对待。

"天恩，你说说怎么办？"

"那男同学一定不喜欢这女生，因为他下课没有等她。"我姐姐咬着食指，慢慢地说，一副爱情侦探的姿态。

"也许他急着上厕所，或者肚子饿了。"我说。一般姐姐的意见总是会遭到我的故意反对。

"喜欢一个人是件开心的事，被人喜欢也是种幸运，都值得感谢。就像《小王子》里的玫瑰，小王子花了很多时间在她身上，怕她冷了、淋到雨。久而久之，就越来越喜欢，也不知道是喜欢那个付出很多时间的自己，还是喜欢那朵被付出的玫瑰，抑或只是喜欢那个以为自己很伟大的过程。"小姑开始长长地解说，"后来世故的狐狸出现，单纯的小王子还是一样过着周游星球的生活。看起来像是狐狸的暗恋，其实小王子也渐渐接受狐狸有点特殊方式的关心和对他注定离开的理解。没有原因，没有答案。"小姑一下说了一长串，她总是没把我们当小孩。

"小王子喜欢玫瑰吗？我还以为他只是喜欢种花，或者只是不想浪费阳光。他后来不是离开玫瑰到处去玩了吗？这哪是喜欢，喜欢一个人就想陪在他身边。"

我满脸问号，当时怎么会明白爱情到底是守着阳光守着你，还是走遍世界才发现你最好的恍然大悟？

"要不然就跟她回信说：你去问问看那男生，他如果不喜欢你，就不再见他了。"

我又提了个自以为有用的解决方案，希望得到赞同，其实是想早早结束这猜来猜去也没个正确答案的讨论。

小姑笑一笑说："说清楚了就不好玩了，就是要互相猜一猜。"

这么花时间又没结果的游戏，看来还是圈地买地的大富翁好玩一点。

小木屋的天台有个小花园，小姑喜欢种花，像小王子一样，却种不出玫瑰花。旁边还有一个木头的公园椅，夏天我和姐姐很喜欢坐在那里吃冰棒看星星。

"我们上天台去吧！"我提议。

三个人跑上楼梯。楼上比较凉，微风吹过夹着淡淡的花香。

"鬼故事时间！"

小姑每次在奶奶家跟我们说鬼故事没一次说完，爸爸总是会在我们认真被吓到前打断她。这天只有我们三人，应该可以听到完整的鬼故事。

"有个红衣小女孩，总是喜欢在晚上一个人去森林里散步，还爱边走边唱歌。森林里伸手不见五指，突然……"

小姑突然停下来，睁大眼睛往我和姐姐背后的花圃望去。我和姐姐立刻回头，还抓着小姑的手。

"没有人呀？"我说。

"在这里！"小姑又突然用手捂住脸，很快又打开，大叫一声，"哇！！！"

我们呆住，没有任何反应，然后小姑哈哈笑了起来。她还是不忍心吓我们，不忍心让孩子晚上做噩梦。

每次小姑的鬼故事时间都没人记得开头和结尾，只记得也没多可怕，通常都是这样好笑收场。那晚不算晴朗的天空记录了我们三人放肆的笑声，还有小姑努力装着可怕要吓我们，却一点也不可怕的暖暖的声音。长大后看到一句话，最好的礼物是陪伴。平凡的夜晚，小小的公寓里是一颗受伤的心和两个在地板上打地铺，带着笑，睡着还轮流打呼的孩子。

当晚做了个梦，不是噩梦。梦里小王子和鸟笼里的小丑遇见，就在一个长满玫瑰的花园。一个厌倦了飞行游荡，想立刻回家。另一个站在门口，望着笼外。

"喂！你飞那么高，累不累？上面好玩吗？"小丑高声问小王子。

"你是谁？从哪个星球来的？"小王子认识狐狸后就变得疑神疑鬼。

"我是从地球来的，一个充满矛盾和希望的地方。"小丑说话时脸上还是没表情，眼角的黑眼泪也没被抹去。

小王子来到鸟笼边，拉起小丑的手。"走吧，我带你去看我的玫瑰，她是我养的，你有养花吗？"小王子对第一次见面的朋友还是会天真地关心。

"我单身，不养花，但好像是被人养着。"小丑轻轻地回答。

小丑的身体被小王子拉出了一半，悬在鸟笼外，他的右脚却钩在笼子边上。敞开的门，想走还是留，都是自由，却不知道去哪儿。限制我们的是牢笼规范，还是那颗不够勇敢的心？让我们想返航的是某个人、某个地方、某道家乡菜，还是只是那双疲累的翅膀？小王子和小丑这矛盾的两兄弟，在我梦里还是没有达成共识。

"星星真美，因为有一朵看不见的花。"

每回读到《小王子》中的这句就想到那晚三人的笑声，一颗颗隐约闪烁着的看不清的星星，默默守护的月光，还有很多童年时找不到答案的疑问。

**小姑的宝贝**

《送你一匹马·一生的战役》节选

爸爸，你一生没有打过我，一次也没有，可是小时候，你的忍耐，就像一层洗也洗不掉的阴影，浸在我的皮肤里，天天告诉我——你这个教父亲伤心透顶的孩子，你是有罪的。

……

只因我始终是家庭里的一匹黑羊，混不进你们的白色中去。

……

对我来说，一生的悲哀，并不是要赚得全世界，而是要请你欣赏我。

三毛

## 小姑的音乐梦

　　小时候我是一个不学无术的书呆子，因为近视很深总戴着厚厚的眼镜，除了念书和待在家里几乎没有其他兴趣，偶尔喜欢画画，也想过长大要当画家。后来却因为总在爷爷回家时帮忙提他那个厚重的皮革公事包，又因为常常跟爷爷上法庭，看到他辩护

时的帅气和受帮助的人感激的眼神，因而转向选择了需要理性思考的法律专业。

相反，父亲那一代可是从小被爷爷奶奶培养了很多才艺和兴趣。爷爷奶奶让大姑、小姑、我父亲和叔叔都学习了钢琴和小提琴。小姑很幸运，因为在家自学，还跟当时的著名画家韩湘宁和顾福生两位老师学习绘画很多年，因缘际会认识了文坛的白先勇老师，受到赏识而有机会在《现代文学》上发表了第一篇文章《惑》，从此走上文学创作之路，这世界上也有了三毛的传奇故事。

这一切都是由培养兴趣开始的。

所幸爷爷对上一代的期许也没白费，除了三毛的文学人生之外，大姑后来也成为一名钢琴老师。因为大姑的家在爷爷奶奶家附近，所以也是上小学时的我和姐姐常常去的地方。而大姑家和我们家最大的不同，是客厅里有一架很大的钢琴，擦得很亮的钢琴上还有一本写满笔记的五线谱，气质和气派都拉满，和大姑常常播放的交响乐也很合拍。

有一次大姑和她的学生在台北植物园举办成果发表会，那是一个大雨的晚上。我们一家人穿上正装全员到齐去捧场，那应该是我人生中参加的第一场音乐会吧！而我那从不听古典音乐的父亲也是给足面子了。

会后一群人散场走出礼堂，分别去拿车，只有小姑在灰暗的灯光下很快上了她的车，而我们还在旁边说着话道别。就这么突然"砰"的一声，水花四起夹杂着雨水，正要走远的我们并没有发现糊涂的小姑已经把车开到了旁边的池塘里。好在当时年纪小却聪明、观察力强的堂妹天明用小孩视角察觉到，大家才在她的惊叫声中把小姑从进水的车头里拖出来。

至今我们还是不知道这事故是怎么发生的，小姑也说不清楚，明明水塘离她停车的地方还有一点距离的。一场本应是我们一家人充满音乐熏陶的回忆，被这场落水事件取代，人生本就是一篇惊喜连连的乐章，一不小心就会弹错。


而我父亲也号称会拉小提琴，家中也放着经典老歌集锦的CD，当我还在上小学时却只记得家中的收音机里常播放的是股票涨跌的新闻，那单一的音调很助眠，歌曲只是广告时的陪衬。

后来父亲在温哥华家中的地下室特别设置了一个唱歌房，放了一个三层的卡拉OK机器，机器上有很多低音、高音的调节按钮，我们却从不懂怎么用。还配置了两个和我一样高的喇叭，外加一个50寸的大电视，再来两支金色的麦克风。

每当他打开卡拉OK，《潇洒走一回》的前奏一起，一副歌神的架势。唱完还会得到机器给的一个分数，若是分数不高便会激起他的胜负欲，再次挑战，常常一个人独唱一整夜。


对我来说，音乐是一个既喜欢又害怕的存在。除了幼稚园时跟着同学唱唱跳跳之外，很少在别人面前哼唱，一句都没有。高中时，是华语歌曲开始神仙打架的年代，也是各种曲风百花齐放的时期。我开始跟着同学听流行歌曲，却不喜欢甜美和幸福的曲调，偏爱的是不羁的浪子悲歌。

那时因为父母常去日本旅行，总会给我们带回很多礼物，有一次他们从东京的电器区秋叶原给我们买了两个当时流行的爱华牌随身听。黑色的机身，卡带式的那种，侧边有播放、停止和往前往后转的按钮，另一边是一个转轴，可以调音量大小。每次打开放入卡带，关上时"咔嗒"一声，再把黑色有线耳机塞进耳朵里，总感觉很酷，感觉自己像是位很懂音乐的专业人士。念书时我习惯一边听着随身听里的流行歌曲，歌词流过脑袋，其实并不能专心在课本上，但就是舍不得关上音乐，默默在心里哼唱。

"你们在干吗？"门突然被打开了，我和姐姐吓了一跳，一下从歌词的意境里被拉回现实。以为是奶奶来送吃的和饮料，结果来的是年轻的叔叔，带着一脸怪笑走进小姑的房里。

"在念书啊！怎么念书还听音乐，这样怎么能专心呢？"叔叔一眼看穿我们假装念书，实则沉浸在音乐里，他拿起我的随身听仔细端详——那个当时不是很多人见过的东西。

△ 三毛、三毛弟弟陈杰、作者姐姐天恩与作者

"你们在听谁的歌啊？"我其实怀疑他也不知道任何一位当时的流行歌手，问了也是白问。

"我在听王杰的歌，《一场游戏一场梦》，很好听喔！"为了推荐我喜欢的歌手，我很快抢答。

"谁？王杰？不认识。"

"听什么王杰，怎么不听陈杰的歌。"叔叔遗传了爷爷法律方面的专业素养，顺道也学到了在严肃中暗藏小幽默。

"你这个陈杰非彼杰，又不会唱歌，没人给你出唱片啦！"姐姐哈哈笑起来。

不过，当时的叔叔大眼粗眉，身材高挑，风度翩翩，真的可以做偶像明星，只是从没听过他的歌声，想想听陈杰唱歌才会是一场游戏一场梦吧！

小姑对音乐的喜爱，也可以从她听的歌曲中看出一二。

那首 Bobby Vinton 的 *My Special Angel*，成了她写给我和姐姐的那篇《你是我特别的天使》的默认主题歌。总会想起她开着车带我们去阳明山时，轻轻哼唱的陶醉神情。

后来 1979 年创作出《橄榄树》，再到后来的《说时依旧》和《回声》专辑的歌词作品，小姑完美把文学和音乐结合，用另一种方式感动人，原来天赋一来都是成双成对的。

《万水千山走遍》中的《青鸟不到的地方》里写道："最后一日要离去洪都拉斯的那个黄昏，我坐在乞儿满街的广场上轻轻地吹口琴。那把小口琴，是在一个赶集的印第安人的山谷里买的，捷克制的，算作此行的纪念吧！"

那本讲述荷西过世后小姑生活的《梦里花落知多少》中的悲

伤短文《明日天涯》，最后用了口琴的琴声作为文章的收尾。"我开了温暖的落地灯，坐在我的大摇椅里，靠在软软的红色垫子上，这儿是我的家，一向是我的家。我坐下，擦擦我的口琴，然后，试几个音，然后，在那一屋的寂静里，我依旧吹着那首最爱的歌曲——《甜蜜的家庭》。"

是的，小姑还会吹口琴，还吹得不错，也吹进了我的童年回忆里。


上新民小学时，学校要三年级的每个学生都学一样乐器，学期末时要在毕业典礼上表演，于是拨动了我心里最害怕的那根弦。从小妈妈问我要不要学钢琴，答案都是不要，不感兴趣，也不想练习，也坐不住，妈妈也因为尊重孩子的意愿并没有强迫。自己选的路，自己负责，这导致我上了小学还一样乐器都不会，更看不懂五线谱，需要从零基础开始学，显然是赶不上那些已经是钢琴好几级的同学，心里是羡慕的。

"天恩天慈要学乐器了，学校规定的，这次逃不掉了。"饭厅里，奶奶为此发愁，她总不想看到我们难受。

这时坐在奶奶旁边正在喝茶的小姑，眼睛一亮，"好啊，学乐器好，学什么乐器？"

"我不要，不想背着很重的口风琴，也不想吹笛子满身口水，很恶心啊！"我很排斥被安排学习。

小姑很懂这种来自学校的压力和小孩的三心二意，她起身走回房间，没做任何回应。不一会儿小姑走回饭厅，手上多了一个口琴，没有盒子，是一个有点年份感的东西。

"学口琴吧！最简单，放在书包里也不重，小姑来教你们。"她一向对我们学校的活动很有参与欲望，仿佛是补足童年失去学校的乐趣。

"这个也是会喷口水吧？洞很小啊，会不会漏风？"对自信满满的小姑，此时的我是怀疑的。

小姑不理会我，自己开始吹起曲调，是那首在她房里听过的张三的歌。

"You are my sunshine, my only sunshine... 你是我的张三，我唯一的张三……"

"来，天慈过来，左手抓着后面，右手扶着侧面，嘴巴对准这里，是 Do 的位置，嘴唇嘟起来，不要笑啊，笑了才会喷口水。"小姑抓住我的手，指着口琴中间的一个洞，把口琴凑到我嘴边，着急的样子让我们实在忍不住发笑。我试着照着做，张大嘴巴吹气再吸气，一边漏风又吹出几个音，一来一回满头大汗，事实证明没音乐天分学什么都难。

"这是你的口琴，我不要吃你的口水啊，我们不敢吹啦！"姐姐给自己找的借口很实际，我连忙附和。

"那明天小姑去买，一人一支，你们有自己的口琴好吗？"看来小姑这次是认真的。

"好啊，好啊，新的比较好吹吧！"两个小孩只要有新东西都是兴奋的。

隔天放学回到爷爷奶奶家，冲上三楼急着问奶奶："小姑呢？她还在睡觉吗？"不好意思直接问口琴的事，我等奶奶自己说。

"她出去了，有工作吧！"奶奶一边倒牛奶一边说，完全不懂我真正想问的事。

我和姐姐如常看着漫画，吃点心喝牛奶，等着那个说好给我们买口琴的小姑回家。

很多时候大人并不知道小孩喜欢一件事的原因，就像我曾经自己跑去爷爷的书房里，从大书架上拿下来那本蓝色厚厚的《唐诗三百首》，一个人坐在大书桌上抄录。当时爷爷好高兴地以为我是一个对古诗词极度有兴趣和天赋的孩子，天知道我只是想找个冠冕堂皇的借口用那支爸爸给我新买的钢笔，因为不能用钢笔在薄薄的作业本上写功课，而抄录唐诗的笔记本上更配得上钢笔柔润的墨水字迹，可以轻易地写得很漂亮，得到称赞，因此爱抄写诗词，仅此而已。

对音乐的尝试也仅是因为我自己才知道的原因，一直如此。

后来的音乐课上，老师按照不同的乐器把同学分坐在教室的不同区域。口琴是在教室最后面靠墙的角落，只有几位同学吹口琴，我和姐姐就是其二。因为这种地理位置和边缘化的感觉，对当时自尊心很强的我来说是很排斥的，连带地也迁怒了小姑买的那支口琴。

那是在当时很贵的蝴蝶牌口琴，放在一个全是英文的长型绿色纸盒子里，型号是 a-440，应该是基础款吧！不知道当时小姑买口琴时，是否对我们抱着期待，希望音乐能代替忙碌的她陪伴我们，也希望我们能找到独处的乐趣，或是她想起了那些失去丈夫后异地夜晚的琴声和孤单。

不想再吹口琴的我和姐姐，任性地要求父亲再给我们买了好朋友都有的口风琴。它有着绿色硬壳套子，背在身上带来的骄傲感也让它不再沉重。之后的几堂音乐课，换了位置坐在教室的中间，和很多同学一起，成了歌曲分部中的主力。为了这该死的自尊心，冷落了小姑特地在繁忙工作中抽空去买的口琴，也让父亲多花了不少钱，满足我们这两个急于被同侪认可的小孩。

器材买了并不代表能力跟得上，因为不会看五线谱，也只能把音符硬背下来，手指更是没有任何指法和律动，能弹出声音混在大队中不被发现即可。对音乐的兴趣也自然减少，表演完毕就暂时放弃我的音乐之路了。

直到初中二年级因为当时的身高还算高，所以被选中加入鼓队，属于仪队的节奏组。因为鼓谱比五线谱简单，又重燃起短暂的希望，而且当时把小鼓背在身上跟着仪队行走，花式耍着鼓棒也确实很酷，让我又误判自己还残存了一点音乐天赋。

人总是在一次次的失败中认清自己的缺点，口琴也好，口风琴也好，小鼓到架子鼓都在尝试后放弃，剩下内疚，对那些曾经相信我有音乐天赋的家人的内疚。即便如此，每当想起自己有这些尝试的机会，还是感恩的。童年就是这些一点一滴可笑的黑历史累积的回忆，成为长大后互相取笑的谈资。


网络上总能看到一些貌似正念的鸡汤文，"注定没结果的事放下也是种自渡""放下执念和自己和解"等等。只是我们都不是神仙，又怎么知道什么是注定的结果，什么时候该放弃？会不会太早放弃，少了坚持，命运就不给我们该有的馈赠？会不会那句"顺其自然"只是失望和放弃的隐藏版？没有人知道答案，每件事的答案也不同。所谓注定无非就是最简单的道理，尝试了总有过程的快乐或该得到的结果，不尝试保存了心力和体力，没期望没失望，但也少了人生的色彩和经历。

每项曾经尝试的兴趣，乐器或绘画都承载了当事人的梦想。拿着麦克风一个人在深夜里和荧幕上分数较争的父亲，在荷西走后一个人吹着《甜蜜家庭》歌曲的小姑，在五线谱上画满笔记的钢琴老师大姑，以为自己歌声媲美王杰的叔叔，这些音乐带给我们的不只是喜怒哀乐，还有很多对自己的寄望和不断尝试的勇气。

"一个人至少拥有一个梦想，有一个理由去坚强。心若没有栖息的地方，到哪里都是在流浪。"三毛曾经这样说。

《雨季不再来·紫衣》节选

我的眼睛快，在那路的尽头，看见一辆圆圆胖胖的草绿色大军车，许多大人和小孩撑着伞在上车。"在那边——"我向老周喊过去。老周加速地在雨里冲，而那辆汽车，眼看没有人再上，眼看它喷出一阵黑烟，竟然缓缓地开动了。……母亲哗一下子将全部挡雨的油布都拉掉了，双眼直直地看住那辆车子——那辆慢慢往前开去的车。

……

雨水，不讲一点情面地往我们身上倾倒下来，母亲的半身没有坐在车垫上，好似要跑似的往前倾，双手牢牢地还捧住那锅汤。那辆汽车又远了一点，这时候，突然听见母亲狂喊起来，在风雨里发疯也似的放声狂叫："——魏东玉——严明霞、胡慧杰呀——等等我——是进兰——缪进兰呀——等等呀——等等呀——"

三毛

# 夏天的牛仔外套

三毛送给作者的牛仔外套

　　除了文学创作，小姑有一项专长，至今我仍然万分佩服景仰，自叹不如。

　　小姑的穿衣风格一直有自己独特的时尚触感和品位，在流行的洪流中独树一格，总能将衣着演绎成属于三毛的艺术品，发挥自我风采，不受一般穿搭眼光的影响。可能因为爱阅读、知识广博，也因为对美感与生俱来的品位，少女三毛从小对时尚就有自己的看法，至今她的穿衣风格还是受到很多人的模仿和喜爱。

在小姑写过关于服装的文章中，一篇《紫衣》赚了多少人的眼泪。那件奶奶亲手帮小姑做的、白色镶上紫色边的衣服，从被小姑嫌弃像死人颜色，到引出一段为家庭牺牲奉献的母亲错过同学会的故事，每次重读我都忍不住心揪。

那场雨中三轮车追逐轿车的戏码，雨水中夹杂着奶奶熬夜炖煮的红烧肉和罗宋汤。母女三人坐在三轮车上，眼睁睁看着同学们乘坐的接驳车开走。对每天在厨房中忙着的奶奶来说，错过的是一次回到青春，做回那个爱打篮球的开朗女孩的机会。同学这一别就是40个年头，是否还能有下次相见都不敢想。

而那件淋湿的紫衣也成了三毛心中的懊悔。懊悔幼年自己对穿衣执着而耍的小性子，也替善解人意的奶奶懊悔没赶上那场同学会。

这件已不存在的小洋装，如今仍感动着千万读者。或许很多女人小时候也都曾为了穿搭而跟母亲任性过，如今想想多少有些后悔吧！

二十世纪八九十年代，因为男女平权风气的渐长，开始流行中性穿着。宽松的大T恤印上有态度个性的图案，用衣着无声地表达个性成了一种风潮，而这种舒适感和小叛逆的风格也正合我意，也给我的懒得打扮，安一个"时尚"的借口。

"来坐，快坐，别站着，都坐吧！"奶奶招呼大家坐下。

每个周末，我们全家都会到奶奶家附近健康路上的"小统一牛排馆"聚餐。通常都是在周日做完礼拜的中午，而那时的我，早已因为周日早上还要早起赶着出门没吃早餐而饥肠辘辘。进门时身穿白衣黑裤的餐厅员工总是排成一排，面带笑容地欢迎我们，然后在昏暗的灯光下，踩着厚厚的红色地毯，领我们到最里面包房的固定座位。

爷爷总是坐在长桌一头的主位，奶奶坐在旁边，其他人随意入座，并没有固定座位。

因为西餐是每个人各自点餐，从前菜到汤、面包、主菜、配菜、饮料、甜点和水果，还有人要换套餐中的菜或发挥创意胡乱搭配午餐菜单里没有的东西，我们一行十人左右，一来一去总会在点餐上花很多时间。

"快点选吧，我血糖低，不能再饿肚子了。"我那个急脾气的爸爸总能说出我不敢造次的心声。

等上菜的时间也是一家人分享一整周日常的时间，对于这种面对面纯聊天的场景，正值青春期的我其实常感到尴尬和不适，脑子里祈祷着我点的餐点赶快上桌，这样就可以低头避免和对面的人对视。

墨菲定律无处不在，只要心里一感到尴尬，敏感的小姑总能一秒察觉到。

当时的我很少主动开启话题，默默地听着大人的你一言我一语，只有小姑总能注意到我们小孩的表情，怕我们被冷落。

"天慈，你认识你身上那件T恤上面的大英文字吗？"小姑总爱注意我们的穿着打扮。

"Forever Young"还好单词难不倒我。

"哈哈，你们才15岁，当然年轻啦！这衣服应该给姑姑穿，我想永远年轻。"小姑说完，我只能微笑地猛喝水，心想我穿它也不是因为想变年轻啊！

从古至今不变的一种天气，是奶奶觉得你冷。奶奶刚刚打了一个喷嚏，优雅地用手绢遮住嘴巴。

"天恩，裙子太短了，腿露出来会冷，快盖上外套吧！"奶奶似乎对小姑说的变年轻的话题没有兴趣，在她眼中，不要着凉比美观重要太多。

此时的小姑已笑翻在椅子上，"姆妈，你觉得冷，怎么叫天恩穿衣服，又不是她打喷嚏。"天恩害羞地摸了摸自己的腿，还是没有盖上外套。也不能怪奶奶，在爷爷奶奶的年代，穿衣只为保暖，整齐干净就是最大的得体，也难怪会有《紫衣》的故事。

因为是家庭聚会，没有必须要化妆才能见的外人，所以奶奶、大姑、我母亲、婶婶都只化了淡妆，而我注意到只有小姑画了蓝色眼影。蓝色是我最喜欢的颜色，也一直不知道蓝色可以出现在人的脸上，只是如果那是小姑，也就不奇怪了。

小姑穿了宽松的牛仔外套，我不记得里面穿什么，下面是一条宽松的牛仔裤和高帮的白色球鞋，全身上下止不住的洋气，帅气而不失温柔，独特而怡然自在。眼皮上的蓝色眼影正好和蓝色牛仔外套相呼应，不知道小姑事先想好要穿这件外套而画了蓝色眼影，还是先画了眼影才搭上蓝色牛仔外套，反正是新奇也好看的。

忘了是从几岁开始，我开始对穿衣有自己的想法，只记得周一到周五需要穿制服，周末才可以自由发挥穿搭。而看似随意实则时尚，是当时的我很自豪的穿搭风格，或许只是自认为的时尚吧！热爱时尚的小姑怎会不知道我刻意穿出的轻松风格，这点意图在她看来可爱又拙劣，却从不说穿。

当时社会对女性的分类很狭隘，也很局限，身为文学作家的三毛却凭着一己之力打破了这层对女士的预判和偏见。或许正是因为如此，当年她不经意间引发了一股模仿风潮。那时许多人效仿三毛的穿着风格，试图捕捉到她散发的与众不同的魅力，有人称之为波希米亚风格，而我却总感到满满的流浪风情，她的衣柜也和我母亲香香的衣柜不同。

1981年，小姑结束了在外漂流的日子，正式回到爷爷奶奶家定居。当时正值我的高中生涯，也是我开始美学乱搭的试错时期。

一天午后，小姑难得在中午前起床，吃完午饭回房间换衣服，准备出门。小姑的房间和一般女生的房间不同，没有粉色红色的装饰，也没有铺着蕾丝桌布的梳妆台，只有木头的书桌和书架，朴实无华，这些就是她给房间最好的装扮了。

我和姐姐照常懒懒地躺在小姑房间的地毯上，在这里可以坐没坐相，能坐绝不站，怎么舒服怎么来，所以我们很喜欢待在小姑房间。我手上拿着小姑买的《怪盗亚森·罗苹》，一页也没翻，眼睛却落在小姑身上。即使房间没有过多装饰，她仍然是爱美的，只是她爱的美常常走在潮流的前端，她总能自信地穿出一般人眼中"原来还能这样穿"的美感。

衣柜位于房间靠左边的墙角，那时的房间大多没有另设衣帽间。对于长年在外的小姑来说，留在衣柜里的衣服越少就表示她这趟回家不会待太久。

那些来自世界各地的衬衫、毛衣、T恤、长裙短裙、长裤短裤、丝巾、包包，以及成堆的银饰配件、靴子、凉鞋和球鞋等等，加上浴室里写满英文的瓶瓶罐罐化妆品、保养品，这些都是她除了拾荒以外很大的收集爱好，我想也带给她不少快乐吧！

"去茅庐茶馆应该不用穿得太正式，而且还要席地而坐，还是穿长裤吧！"小姑自言自语，随手拿起一件常常穿的红色长裙。

原本就没有真正在看书的我和姐姐，终于等到这一刻，好像抓到小姑的语病一样，异口同声大笑起来。

"哈哈，你说长裤，你看你拿的是什么？"我首先发难，很是得意。

"又是这件长裙，小姑你每天都穿这一件喔！那还选那么久干吗，哈哈。"我知道姐姐其实对姑姑的长裙很感兴趣。

小姑有点不好意思，"你们不知道，女人永远少一件衣服。就是出门要穿的那件。不信去问你们妈妈，她的衣服也很多吧！"

"我觉得你穿牛仔衣服好看，我也喜欢。"也许我崇拜的是她游历世界带回来的那份潇洒自信，牛仔布料在她身上只是种衬托罢了。

我走近她的衣柜，找到那件小姑穿去午餐家庭聚会的牛仔外套，开始拉拉衣袖，扯一扯连衣帽。那是一件有厚度的牛仔外套，颜色是标准的牛仔色，在设计上却和其他我看过的牛仔外套很不一样，里面的标签上写着"New York Peter"，至今都没听过的牌子。

"拿出来穿穿看吧！吃饭时就知道你会喜欢这件，这是姑姑在欧洲买的，台湾没有。台湾的牛仔外套大多没有帽子，有帽子的显得年轻。"姑姑知道那是我喜欢的风格，很快地帮我套上。

突如其来套上这件心仪的外套，仿佛心仪的对象刚好走近，带着点陌生，你又想尝试靠近。

我被拉到房间旁边的浴室镜子前，小姑帮我把深蓝色的领子翻好，"这种外套不要傻傻地把拉链都拉上，再冷也不拉的，要不然会显得臃肿，也就没有牛仔的洒脱了，你看，好看吧！"

不得不说，小姑的眼光真好，那时刚上高中的我身高体重已和她差不多，只是还学不会她驾驭衣服的气势。

长袖侧边有红色的条纹，呼应着中间红色的拉链，深蓝色立起来的领子显得我的脖子很细，胸前的两条粉红色的束带给牛仔外套增添了些许柔美。

我意识到镜中的自己和小姑的不同，不甘示弱地挺起了胸，把两只手插进前面的两个口袋，却因为口袋太小，有一半的手卡在外面，脸上露出青春期的害羞，和带着期盼长大的兴奋。

"那个口袋不能放进去，只是装饰用的。不要驼背，挺起来。你穿也好看，就给你穿吧！姑姑再去买。"小姑转身站回到衣柜旁继续忙碌着，我还来不及客气，心中却有得逞的快意，当然感谢也是有的。

真暖，真好看，仿佛已长大走在欧洲街头。

后来小姑还是穿上她最喜欢的红色长裙，搭了一件黑色合身的针织上衣，瘦瘦的穿什么都好看。

一出房门，奶奶一眼就觉得小姑会冷。

"穿外套啊，你晚上回来会冷，台湾的冬天天气你不熟悉，别感冒了。"小姑嘴里说着不冷，还是乖乖回房间套了一件褐色皮外套，再给自己搭上褐色侧背包和黑色短靴，163公分的她看起来已超过170公分，真是位当代穿搭高手。

衣品是每个人的专属标志，小姑的服装选择，似乎总能准确地映射出她丰富多彩的内心与个性。她穿出的不是简单的色彩搭配和材质舒适，而是经历人生后的释怀和对自我的关爱。

曾经我一度以为穿上三毛的衣服，就能有那股闯荡世界的勇气，就能像她一样无惧地去爱去经历，伤心而从不退缩。可惜我只是普通人，有普通人的怯懦甚至无知。我实在无法坚持每天去健身房雕塑身材，我也爱吃宵夜、刷手机和看动漫，写作是兴趣，但有时也会偷懒和词穷，显然文笔和小姑差了一个太平洋加上一个大西洋。

但是我有我的开心和韧性，不能每天运动，一周2—3次还是能坚持的。不能像小姑一样天天阅读、一目十行，每周也总能拿起书本翻几页。无法在撒哈拉沙漠孤身挑水走很长的路，还要防备邻居偷水，至少我有旅途中用心体会的感触和心境。

有时会在网上看到很多人想做小三毛，现代三毛，一头长发，一身长裙飘逸，风情万种地在沙漠美美地拍照片，我感激她们对三毛的喜爱，但是相信小姑若在世，也会希望她的读者能做自己，有自己的想法和人生观。衣服可以因为崇拜而模仿，人生还是要自己走。

三毛只是一个启发，是一个与众不同的人生模板，而每个人都会有自己独一无二的人生剧本，没有人能做三毛，但是我们可以找到自己的撒哈拉，或是身处一叶扁舟，也能怡然自得。

　　穿衣哲学是个性和态度的表达，除了保暖和礼节，换下学生制服的我们能在穿搭上找到表达的乐趣，何尝不是一种日常的小欢喜。小姑送我的那件牛仔外套很厚、很温暖，因为怕脏也怕干洗后的折旧，她走后，这件外套被小心地保存在衣柜里，默默陪伴着我，一年又一年，一个家又一个家。

　　三毛在《林妹妹的裙子》中说，穿上那件她在街边小店买到的桃红色古裙，总想起《红楼梦》中的林妹妹，我亦然。

　　前年我曾试着在12度的北方夏天套上她的那件牛仔外套，里面随性地搭上一件白色短袖T恤。见到的人都说好看，小姑的外套陪我见过很多人，经历很多事。没有了青春的羞涩，也多了自我的态度和倔强，衣服上不再有她的味道，却多了我俩的故事。

《温柔的夜·拾荒梦》

　　我的志愿——

　　我有一天长大了，希望做一个拾破烂的人，因为这种职业，不但可以呼吸新鲜的空气，同时又可以大街小巷地游走玩耍，一面工作一面游戏，自由快乐得如同天上的飞鸟。更重要的是，人们常常不知不觉地将许多还可以利用的好东西当作垃圾丢掉，拾破烂的人最愉快的时刻就是将这些蒙尘的好东西再度发掘出来，这……

　　念到这儿，老师顺手丢过来一只黑板擦，打到了坐在我旁边的同学，我一吓，也放下本子不再念了，呆呆地等着受罚。

三毛

## 守候全家的画

　　熟悉三毛的读者都知道她小时候遭遇过一个既无奈又有趣的故事，至今我在很多的分享会中也会听到不少读者对这件事很有共鸣的发言。

当年年幼的三毛和其他同龄孩子一样需要交一篇关于"我的志愿"的作文，而三毛有别于其他学生考虑着成绩和老师的看法，秉持着一颗真心，好似总算有人愿意听她的志愿，可以一吐为快、迫不及待地写出心中的小秘密——长大想做一个拾荒的人。

可以确定的是，落笔时的小三毛对老师是信任的，天真地信任老师可以接受任何的志愿，信任老师能理解每个孩子心中都有不同的追求，哪怕没有追求也是一种追求，包括成为一个自由自在、行走四方捡垃圾的人。

三毛从小就喜欢到处流浪，于街边不起眼的垃圾堆里发现各种惊喜，收集别人丢弃而自己喜欢的东西，这种你丢我捡的游戏是她独处的乐趣，不和人分享。另一方面，这种职业还不用和人有过多的交流，不用满足别人的期望，也没有朝九晚五的打卡拘束，还可以和兴趣结合，这让从小不能接受任何拘束的小三毛非常向往。

然而，当时那位出作文题目的老师却辜负了小三毛对他的信任。

这篇作文并没有得到老师的认可，原因是志向诡异，不够远大，不够正向，捡垃圾不是职业，也不能养活自己，就差没说让家人蒙羞。于是老师当着全班的面数落小三毛——如果想做一个拾荒者，又何必念书呢？现在就可以回家了。

故事没完，责备也没完，那位老师还不放过受伤的小三毛，要求小三毛重新写一篇符合老师期待的文章，长大要做一名医生，天知道小三毛对数理一点兴趣也没有，写下违背心愿的一字一句时小小心灵有多难受。

那篇作文不仅仅是一篇打个分数就算的作业，甚至埋下小三毛对老师和当时教育体制的不适应，对权威的妥协和低头。

这番强迫认领不属于自己的意愿，加上对学校生活不适应，小三毛还真在不久的将来放弃上学，回家自学了。但是捡垃圾的志向却跟了她一辈子，也成为她快乐的来源，甚至还出了一本《我的宝贝》畅销书，也算是完成很多人的志愿吧！

后来在小姑房间里看到很多她在世界各地捡回来的破东西，千奇百怪，各有各的个性和故事。也会佩服她的勇气，感叹她总能看出别人欣赏不到的好，慢慢能体会她发现这些东西时的喜悦。

一个平常放学的午后，我和双胞胎姐姐照常坐校车回到爷爷奶奶家，等待妈妈下班来接我们。

"天恩，天慈，你们长大想做什么？来跟小姑说说。"成年后的三毛是否也曾希望我们回答出一个跟随本心，不受限制的答案？

当时的我并不知道小姑的心愿是想做一个拾荒者，就算知道我也不敢继承她的志愿，因为到现在的我，都很怕捡来的东西里有什么不该出现的、看得到或看不到的生物。

我和姐姐总爱待在小姑房间旁边的小客厅里，大多数的时候都是倚在墙上坐着，或是斜躺在地上，很随性，一副待在自己房间不客气的样子，而小姑是不会因此骂人的。对每天需要早起赶校车的小学生来说，在处处需要社交沟通的学校里已经熬了八小时回到家，还要回答这位小姑这种需要动脑筋的话题，只好不失礼貌地随意敷衍了一句"没想过"。

小姑房间外，有一面专属我们小孩的涂鸦墙，也是一个大人不喜欢却勉强容忍着的角落。

白色的墙面，上方很干净洁白，下方差不多小孩子的身高处却是色彩缤纷，有油彩、有粉彩，还有铅笔和小手印，创意十足，自由奔放，用色大胆。

大人们总想着有一天要重新粉刷这面墙，却总被爷爷奶奶拦下，后来听小姑说这是爷爷奶奶给我们留出的梦想空间，在这里可以随意涂鸦，开心就好，没有任何限制。

我突然想起这面墙的伟大使命，怎能辜负爷爷奶奶顶着家人的压力才保留下的这面造梦之墙呢？受到涂鸦墙的启发，我转头跟小姑说："我想做画家，随便画几笔就能卖钱的那种。"这是喜欢艺术还是喜欢卖钱啊！

"天慈想做画家啊！小姑小时候也学过画画，客厅墙上那幅画就是我画的。"原本打算放弃询问的小姑，有些欣喜地扬起声调，似乎对那幅作品很得意。

"就是那幅黑色白色加一点红色，还有两只又像鸡又像鸟的画，我们每天坐在它前面的沙发上看卡通小甜甜，原来是你画的喔！"姐姐恍然大悟，好似不相信小姑会作画。

"黑乎乎的，看起来有点悲伤喔！"我补了一刀。

这是一幅默默存在爷爷奶奶家客厅墙上的画作，自从我有记忆以来就一直存在着那里，所以也从来没入过我的眼。正因为三毛在我们小孩子心里只是一个爱玩、爱闹、爱说故事的玩伴，确实很难想象那幅看起来很精工的国画，是这位从遥远西班牙回来的洋姑姑少女时刚接触国画时的作品。

那是一幅横向的画作，有花、有草、有很多枝芽，还有两只飞禽类的山水画。纸张有点泛黄，深褐色的木制裱框，尺寸刚好占据整面墙，稳稳霸住客厅中心的位置，有点唯我独尊的气势。爷爷将这幅画作裱框后，放置在了家中最受宠爱的位置。

画中从右至左尽显布局的大气，仔细看笔触却处处细腻，我有点惊讶少女时期的小姑画这幅画时的心情，她是否带着什么期待？还是只是单纯用绘画作为陪伴，在那个本应绽放却被压抑的孤独岁月。

右边上方起始处有一些黑色像流沙般的笔画，我很难准确形容，应该是象征空气间风的流淌，也可能是出于整体结构的考量，需要一点平衡才加上的。画的主体是在中间偏右下方的两只有点像公鸡、又有点像鸟类的飞禽，一胖一瘦，直挺挺站着，尾巴高高翘起，花林间四眼相望——画中唯二有的生物。我突然感到有点小浪漫。画作的左边是一丛树枝和树枝上的红花，说是红色也不尽然，有些渗了比较多的水而形成了粉红色。旁边还有一些像是棉花的白色，作为衬托。

这幅画没有小家碧玉的清秀，却有肆意的洒脱和大气，右下方落款为小姑的本名"陈平女史"，和看不清文字的红色盖章深刻而工整的烙印。这是一幅我看来是需要花很长时间才能完成的作品，讲究布局，颜料层层堆叠。当年的我还偷偷地想着，比不上我在墙上的那些抽象画来得自由随性，真是不识货啊！

"哈哈，小姑的画总是没有你们看的卡通可爱。你们根本没仔细看过吧！那是小姑以前跟顾福生老师一笔一画学来的。"小姑有点不服气。

虽然两个小孩不懂欣赏，却也知道那是一幅很称职的背景画作，许多全家福都是在这幅画作前拍的。

通常的拍摄场景是一家人开开心心坐在墙前面的沙发上，全员到齐，爷爷奶奶、大姑一家、我的父亲母亲和姐姐、叔叔一家四口，我们都要想办法把自己挤进沙发里。

通常小孩们都会被安排蹲在沙发前，挤在一起的每个人只记着要微笑，还有不要挡到彼此。

说说笑笑间，从来没有人回头看一眼挂在墙上的那幅画，这幅画总被遮挡，从来没有完整在全家福照片中露出。

好多年过去，它仍旧一副理所当然的样子，就在那，没有怨言，没有表情。

为了避免三个玩伴用小姑的画作开始抬杠，三毛走到旁边的白色矮木头书柜，拿出昨晚帮我们收拾好的那两本《我的童年》画册，她知道从志愿到实现还有很长的路要走，先过好眼前的童年比什么都重要。

那是一本 B5 大小米色封面的精装本，用红笔粗体字写着大大的《我的童年》书名，没有过多的设计，而内页是 300 多页厚厚的白纸，没有一个字，连页数编码都没有，中间用了白色的活页做装帧。我们曾以为容易相信人的小姑是被书店老板骗了才买到这样的瑕疵品，居然是一本没有字的书，多年后才懂小姑把智慧藏在这本天书里，等待我们自己摸索领会。

"跟你们说过这是你们的童年，只有你们自己可以完成，所以空白要留给你们去创作，小姑只可以陪你们一起过童年。"

"你们看小姑的画是黑白的，给你们买的彩色笔可是有 36 种颜色的，现在的小孩真幸福。"当年只用了三种颜色作画的小姑也许很羡慕吧！

"可是这一盒好像不是你买的喔！是上次龚老师因为抢不到你演讲的票，想跟我们要票才特地买来送我们的。"能被学校老师送礼物是一件值得骄傲的事吧！我总爱拿出来炫耀。

"那也等于是用小姑演讲的票跟老师换的，搞不好票还比较贵。"姐姐有时就是过于冷静，或者说是清醒。

我的童年画什么好呢？对于我来说一天天的日子，只是祈祷校车上那个爱推人的小男孩能每天生病不上学。被动接受每天发生的事，好像也没什么想用画画去表达的。

从小爱幻想、充满创意的小姑似乎看出我的懒惰，"要不然就画刚刚说到你们的志愿吧？"她总是用鼓励和询问的方式和我们沟通。

我和姐姐还是属于按常理出牌的乖小孩，并没有遗传到小姑的异类基因，于是我们听话地开始作画"我的志愿"。

我的画风也是偏中规中矩，画了一位斜戴着红色鸭舌帽的画家，脸长长的，穿着披风和窄脚裤，没有笑容地站着，一只手拿着一支长过头的画笔，另一只手上拿着调色板，旁边是一些没有特别意义的笔触，也算是致敬小姑那幅画作中右上角的那团黑色色块。

我的童年，有陪伴的小姑，有一起来到世上的姐姐，有 36 色的彩色笔，有热闹的小学，有放学后的避风港爷爷奶奶家，还有可能也不被老师认可的画家志愿。

而我的那幅"我的志愿"画作并不出色，现在的我也没能成为画家，画中却满溢着孩子气的快乐和天真，还有一种我就是我的霸气和自信。

黑白的画作是小姑的童年，她还在摸索还在找寻，知道自己喜欢什么，但是却不被老师认可，有想做的事，也不知道能做多久。正如她的那本《雨季不再来》书中的故事，红花和鸟是少女三毛对爱的期盼，黑色的枝丫是对生命的探索，黑色涌动着的风交织出她童年的懵懂与惶恐。

我也不知道当爷爷把这幅画挂在全家最中心的位置时，小姑是否知道这是一种无声的肯定。


成年后的小姑也陆续创作了不少画作，回台北定居后却把画布换成了石头。她喜欢在石头上作画，也在每次的旅程中收集了大大小小、没有一块重复的石头，每一块都是她的宝贝，每一块都有旅人的记忆。

三毛爱画石头已在西班牙传开，她喜欢给石头上色，好像给石头换上新衣，春夏秋冬，每件衣服都有自己的个性。而每块石头都曾陪伴三毛，倾听三毛的内心，给她安定。当年荷西为了安放她的收藏品和石头"画作"，特地亲手搭建了一个木架子。两人离世后，西班牙的拉帕玛尔岛观光局为了纪念三毛，也在展览厅内摆放了许多石头，像他们的孩子一般陪伴着两人。

回台后，爷爷奶奶家中也有小姑的石头画作，有几块就放在饭桌旁的柜子上随手可拿到的位置，奇形怪状，没有一块是一样的。

小姑因为长期伏案写作患上背痛的毛病，普通指压按摩已无法缓解疼痛，所以我和姐姐成了她专属的小小按摩师。小孩的力气怎能对付她坚硬的背部，我也因此常常害怕被小姑点名去按摩，因为需要用很大的力气，才能按进她坚硬如石的背。

小姑就是有废物利用的天赋，"去拿旁边那块蓝色和黄色相间的石头，拿来敲小姑的背，就这里，快敲"。小姑用右手压住右边肩膀靠近脖子的位置，"就是这里，好痛，用力敲"。我紧紧握着那块长形的石头，虽然见怪不怪这位按摩客人的特殊需求，也害怕力道掌握不好伤到她，而显得手有些僵硬。爷爷奶奶在旁边收拾碗筷，没有人注意小姑的喊叫和我的恐惧，一个背痛，一个手痛。那块按摩石从此有了特殊的功能，之后的几次按摩也没有再用过其他石头，这块蓝黄相间的石头又称"按摩石"。

除了按摩石之外，柜子上还有两块叫作"痴心石"的小石头，看起来被小心呵护着，放在角落，没有上色却被小姑说成是最美的作品。那是有一次爷爷奶奶在海边找到这两块形状相似的石头后，回家弯着腰蹲坐在阳台，几经洗刷清理送给小姑当作对她画石头兴趣的鼓励。小姑这次却没有涂上任何色彩，特意保留了"痴心石"的原貌，也保留了父母亲对她无条件的支持和痴心。

黑白的国画换成彩色的石头，窝在房间看书写作满腹心事的少女，没有上学，没有朋友，艺术是她父母寄予厚望的窗口。不被了解，也不想被了解的少女，在父母的包容允许下，走一条新创的路，甚至几代人都没有尝试过的路，不上学，只读书，只学习。幸运的少女碰到懂她、惜她的绘画老师，引导她慢慢走出黑白的世界，渲染出生命的色彩，如石头般坚毅，如花草般有韧性的成长之路。

几年后二毛成了三毛，走遍万水千山，历经人生风景，那幅画作仍然在她成长的家中守护着家人，没有被搬动，也没有人提起，参与了许多全家福合影。流浪异乡的画者也有着远方家人作为后盾，彩色还是黑白都是家人的爱，都是那份不说出口的陪伴。

《送你一匹马·永恒的母亲》

　　我的母亲——缪进兰女士，在19岁高中毕业那一年，经过相亲，认识了我的父亲。那是发生在上海的事情。当时，中日战争已经开始了。

　　在一种半文明式的交往下，隔了一年，也就是在母亲20岁的时候，她放弃了进入沪江大学新闻系就读的机会，下嫁父亲，成为一个妇人。

　　婚前的母亲是当年一个受着所谓"洋学堂"教育之下长大的当代女性。不但如此，因为她生性活泼好动，也是高中篮球校队的一员。嫁给父亲的第一年，父亲不甘生活在沦陷区里，他暂时与怀着身孕的母亲分别，独自一个远走重庆，在大后方开展律师业务。

三毛

## 奶奶的圆规

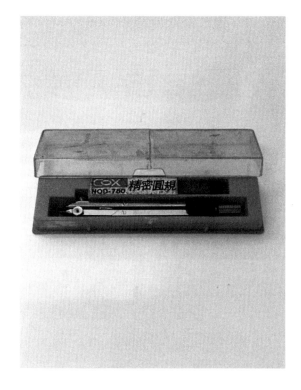

▷

三毛母亲给作者买的圆规

这世界上有一种恐怖的抽象物件叫作数学，它存在几千年了，没有人敢质疑它的存在，事实上不管你喜不喜欢它，都不能否定它对世界的贡献。

新民小学一班有 40—50 个学生，墨绿色的木头桌椅排成一排，一排有 8 个学生。每个人拥有的空间并不大，每天要在这样的空间里待上 8 小时，如果碰上不对盘的同学坐在附近，对一个十几岁的小孩来说真的是这辈子最大的折磨。小学时的我身高在整个班上来说算是高的，只是小学六年级后再也没有长高了。当时我坐在倒数第二排的位置，后面坐了一位男同学，一位身材魁梧、我不太熟的同学，我甚至不记得他的名字了。

"把《图解数学》拿出来，今天讲圆周率。"数学老师是位微胖的油头中年男子，脸上的眼镜牢牢地嵌进他满溢的肌肉里。

虽然我知道老师学识渊博，有稳定工作，教学认真，也是个好人，但那规规矩矩的蓝色条纹衬衫加上灰色西装裤，绑上一条黑色皮革和金色皮带头的皮带，整副装扮就是一位妥妥的每天往返家里和学校、两点一线的无趣男子。当时的我心里最大的疑惑是怎么会有女人要嫁给这种男人呢？老师是怎么追到师母的？和这种人谈恋爱一定好无聊吧！

直到长大后才知道这就是真实的世界，不是每个人都像漫画和卡通中一样帅气美丽、无忧无虑，每个人都是从童年怀抱着长大后的志愿，一点一滴在和生活的拉扯下，揭开生命的真相在于自身的养分。你想活出怎样的人生？活成了无奈而妥协的大人又何尝不是一种选择？那些看起来无趣的日子，或许这就是平凡的味道。

这一番胡思乱想的操作，数学成绩怎么会好呢？

《图解数学》是一本比 A4 尺寸略小的补充教材，并不是正式教材，却早已取代比较简单的正式课本，在我心中也取代正式课本成为我最不想见到的物品。从小我虽然称不上科科名列前茅，却也算是个循规蹈矩的学生，至少外表是的，骨子里的叛逆已经有些许发芽，找到机会就冒出头。

数学课已经很煎熬了，后面的男同学不知道是不是骨骼没发育好，撑不住他的体重，双腿一直抖一直抖，抖完左腿换右腿，右腿累了换左腿，像节拍器一样持续着。

夏天的教室里充满着汗臭味和中午的午饭味。我是个大近视，黑板上看不清楚的字，配上环绕的抖脚节拍，非常助眠。身为好学生的我努力睁大双眼，想着赶快长大，赶快脱离这种不能选择的憋屈日子。

趁着数学老师转头写黑板书，我突然很快地把椅子的两只前脚腾空翘起，整个人向后倒，连带着后面同学的桌子也猛一下地往后倾斜，敲到那位同学放在桌下的胖腿。节拍器没声音了，我假装没事，一副乖乖牌的嘴脸瞒天过海。

"明天每个人带圆规来，我们上下一章，现在下课。"数学老师丢下一句话，没有让我们有任何问问题的机会，就立刻走出教室去门口抽烟了。后来工作后的我才懂，短短几分钟，这是打工人唯一的小小减压时刻吧！白天不懂夜的黑，小孩不懂大人的难，大人也无视小孩在意的那些抖脚小事。

放学回的爷爷奶奶家，简直是天堂中的最高楼层，饭桌上总是摆满各式咸的甜的点心和牛奶果汁，有时候还有我们喜欢的故事书。暂时卸下一整天待在学校里的谨慎和规矩，不用向外人妥协的那种舒服，喜欢就喜欢，不喜欢也可以大声说出来的地方，任何想法都会被听到和接受。奶奶身上的味道是宠溺孙女的味道，是一进家门就自动被理解、被包容。印着卡通图案的儿童塑料碗盘、杯子，一件件准时准点整齐地摆出来，装满食物和饮料。爷爷奶奶想把最好的都给我们。管你在学校是学霸还是学渣，在爷爷奶奶家都是心肝宝贝，要什么有什么，不只是物质，情绪价值也一一满足。

上大学后同班同学中有些是从其他城市来台北念书的，我才知道在他们生命里有一种叫作回老家的幸福。在放假前就提早抢了火车票，行李大包小包地扛上火车，一站一站开向生长的童年，一站站变小，寻回作为小孩才能有的依赖，把成人必须有的独立和伪装暂时甩在台北。身为台北人的我没尝过这种渐渐变回小孩的过程，只记得每次回到爷爷奶奶家总能一秒变回任性的小孩，立刻把数学和讨厌的抖脚男抛在教室里。

很多家长总会催促小孩写作业，我和姐姐在这方面却很自觉，不是因为爱读书，只是因为胆小加上自尊心又强，怕被老师在全班同学面前骂。吃完点心看了一会儿故事书，我们就会自动拿出作业本，而学业表现一直不是爷爷奶奶在意的事，有通过就好。写作业就像吃饭一样，我总把讨厌吃的花椰菜放在最后，再憋一口气把它一次吞下，不让它在我的舌尖上停留过久。写作业也是，数学作业本总是留到最后才不得已地打开。

虽然说差生文具多，我不是学霸，更不是学渣，也还是很爱买文具。各种最新版卡通图案的文具，铅笔盒也要双层的，还有一个给橡皮擦专属的隔间，自动铅笔也有上面按钮的和侧边按钮的两种，一下喜欢花哨的，一下喜欢简约的，钱没少花。直到现在长大成人许多年，也很爱在书店里的文具区买买买。

一堂数学课下来没听懂多少，老师要我们去买圆规的事倒是刻在心上。圆规也是一种文具吧！至少有正当理由去最喜欢的文具店逛逛。

"阿娘，今天数学老师说要买圆规，明天上课要用的。"我跑到厨房急着跟奶奶说。

"明天就要用啊？刚刚回来时怎么不早说，现在在煮晚餐啊！"奶奶有些为难，因为爷爷马上要下班回家了。

"那赶快，我们去 133 巷口的文具店看看吧！你们快去穿鞋。"奶奶总是把我们的事放在第一位，很快地关上炉子的火，脱下围裙，顺便用手指梳了一下凌乱的灰白头发，套上黑色的平底鞋，拉着我们下楼。

我和姐姐，一人一边拉着奶奶暖暖的手，走在去文具店的路上。那是最开心的时刻，不只是开心，是感受到被关注和被满足的爱。

这是一家开了很多年的文具店，除了文具也有卖一些参考书和故事书，老板是一个瘦瘦高高的中年男子，偶尔他的太太也会来帮忙收钱。

"老板，我们要买圆规。"我大叫，老板看了我们一眼，"陈妈妈喔！圆规在那边，后面那里喔！"很多邻居都认识奶奶，亲切地称呼她陈妈妈。

我和姐姐顺着老板手指的方向跑过去。文具店的灯光很暗，好像想省电很多地方没开灯，不过不碍事，我们已经熟门熟路了，很快找到圆规。

这里卖的圆规有两种，一种只是简单地装在透明的袋子里，黑色的，没附上笔芯，看起来一点也不诱人。另一种就好很多，一个橘色的硬盒子，圆规整齐地卡在里面的槽里，上面还有一个红色小小的长方形盒子，应该是放笔芯的地方吧！看起来好高级，用了一定就能变成好学生吧！简单的那种是 50 元，高级的那种要 100 元。而我和姐姐的文具从来不共用的，都是一人一个，所以买两个就要 200 元。我们不敢选，虽然心里都比较喜欢贵的那个。

奶奶当然知道我们的心意，连忙说："买这个有盒子的吧！比较不会坏。拿两个。"说着很快拿了两个放在里面的 100 元圆规，我和姐姐再也忍不住地微笑起来。

"再看看练习簿和铅笔好吗？"我又跑到旁边的自动笔陈列架前，拿起铅笔在白纸上乱画起来。

"我去看那边的书喔！"姐姐转到旁边的角落蹲下来找书。

"看一下就好喔，阿爷马上要回来了，爸爸妈妈也要下班来接你们了，饭都还没做好呢！"还有几道菜没做，奶奶有些着急，却不忍心打断孙女的兴致。每次来文具店就像到了游乐场，我和姐姐赖着不想走。

好不容易依依不舍地回到家，我和姐姐继续坐回饭桌前，看似在写作业，其实在把玩着新买的玩具——圆规。

在厨房的奶奶因为被耽误了一小时，火力全开地加快速度切菜，炒菜，洗锅子洗铲子，在饭香弥漫的厨房里满头大汗地忙着。

"叮咚！叮咚！"门铃响了！

还好我们已经回到家，做律师的爷爷每天都很准时回家。

我和姐姐立刻从饭桌旁跳起来，早就已经没有在专心写作业，蹦蹦跳跳地抢着去开门。

经过客厅跑到大门前，很快地打开门，"阿爷，阿爷"，两个小孩异口同声地喊。

爷爷弯下腰，"欸，回来喽！天恩天慈"。

我们抢着接过爷爷手上厚厚大大的深褐色皮革公事包，那是律师才会用的专属款，有很多夹层，可以放很多文件，有点年份的刮痕，记忆中爷爷从来没有汰旧换新，多年都是这一个，每天都会装得很满去上班。下班时再由我和姐姐接过来，用尽力气地抬到书房，放到椅子上，爷爷说公事包不能放地上，那是对工作的尊重。

一日日重复的动作，当时没多想，只是无意识地重复着，却是日后回忆中的深情画面。

"阿爷，我们今天买了新的圆规耶，好贵喔，要 100 元，还有一个盒子。"我们迫不及待地跟爷爷炫耀，这可是人生第一次拥有一个数学用具，寄托了所有数学成绩变好的愿望，任重而道远。

"越贵越好，成绩也会越好喔！"爷爷的智慧总在这种不说破的幽默中，要想一想才懂，懂了以后再也忘不了。

第二天，我第一次期待上数学课，早早把新买的圆规放在桌上，闪闪发光。

后面的抖脚男还是不停地抖着左腿换右腿，似乎忘记了昨天我的那计桌子压腿神功，而此时我听到的却是愉快的心跳，小孩子的快乐就是那么简单。

那堂课上学会了用新圆规画圆，圆满的圆，奶奶成就的圆，有爷爷奶奶的童年才算圆满。

奶奶就是圆规站着的那只脚，全家的中心，有她在事事能搞定，每颗心都妥妥地安放着，每只脚才能往外延伸，发展出自己美丽的弧线。

虽然成年后也花了不少心力去适应这个不圆满才是常态的人生，遗憾总是比满足多，也甚少有人能把你放在第一位，把你的小心思当成重要的小事，除了你自己。再贵的圆规也画不出想要的幸福，总会缺一角，少一块，成不了圆。

每个人穷其一生可能也补不上心里只有自己知道的缺口，却还是像孩子一样有着盼望，在一次次失望和自我鼓励交叠中，乐观地不放弃，也算是一种圆满吧！

## 跟着小姑去流浪

《万水千山走遍·悲欢交织录 三毛故乡归》节选

中国这片海棠叶子，实在太——大了。

而我，从来不喜欢在我的人生里，走马看花，行色匆匆。面对它，我犹豫了，不知道要在哪一点，着陆。

终于，选择，我最不该碰触的，最柔弱的那一茎叶脉——我的故乡，我的根，去面对。

……

在上海，有个家，就是三毛爸爸——漫画家张乐平的家。

……

当车子进入宁波城，故乡人已经从舟山群岛专来远迎。

三毛

# 万水千山走回乡

　　《万水千山走遍》一书中最后的几篇讲述小姑回到家乡浙江舟山定海，还替我们陈家人千辛万苦、舟车劳顿地去了上海、金陵南京、肃穆的敦煌。在1949年那年也是千辛万苦、舟车劳顿地离开，再见已是四十载的分离。

　　这几年，因为三毛散文奖在我们祖籍地浙江定海举办，我接触了一些当地的朋友，陆续听到当年的故事。1989年，小姑坐着"天堂号"从苏州行水道抵达浙江，再行陆路到达宁波，最后再转小船抵达舟山群岛的小沙乡鸭蛋山码头。还没下船，岸上已是黑压压的人群，小姑就这样献上止不住的眼泪，在此与故乡久别重逢。

　　而那位小姑在回乡旅途中一直期待相见的倪竹青先生是位著名书法家，品德更是受到景仰。当年在爷爷的法律事务所工作，此时已是六十多岁的老人。他亲自到码头迎接这位当年他捧在手心的三岁小女孩。小姑在人群中冲向他，那一幕亲情像闷了很久的火山熔岩，再也挡不住地喷发。一别恍如隔世，再见两位已是

△ 三毛乘坐「天堂号」回故乡

△ 三毛接受家乡记者采访

△ 三毛回故乡

◁ 三毛在祖父坟前

白发人与黑发人的相拥。

当年负责迎接小姑的那位陈姓朋友在微信群里和我聊到了那一天，让她印象深刻的是小姑脸上藏不住见到亲人的渴望，努力掩盖的是连续几天晕车晕船的疲惫，让她很是心疼。多么善解人意又情感丰富的女人，嘴里总是说着"不累，不累，我很高兴"。我想小姑心里是担忧的，担忧这一次见面后，下次不知是哪年哪月，所以再累都要一一和久别的亲人见面，抱抱他们，也许这是最后的一个拥抱。

一张小姑哭倒在她祖父坟前的黑白照片，哭出历史的无奈，也哭出多年心愿达成的欣慰。我们被历史牵着走，事过境迁，不知不觉中我们也走出另一番历史的风景记录，而这历史的长流不会停止，只会让我们更珍惜每次相遇与重逢。


2019年秋，我走了趟魔都上海，这个从我小时候爷爷奶奶、小姑和爸爸就心心念念的城市，时常听到的语言，家里饭桌上常备的美味，我都再熟悉不过了。

爷爷奶奶是在上海出生的，上海话说得很地道。童年时我的耳边也总是上海话夹杂着宁波话。读者们都知道我的小姑三毛是个语言天才，1989年她来到上海，满口标准的上海话正好派上用场。在台湾时，小姑和我爸爸也常在去上海餐厅时争着用上海话点菜，什么腌笃鲜、蟹壳黄、拔丝香蕉，都是上一代乡愁的安慰、我童年的记忆，至今都很怀念。

三十年过去，前几天在抖音上看到小姑当时在上海接受访问的画面，轻柔的声音掩盖不了她来到这个城市的兴奋，相信在台湾的爷爷奶奶对小姑那次回乡，嘴上不说，心里也是欣慰的。

"妹妹要去我们的上海了，好久没回去了，都不一样了。"奶奶一边收拾床褥，一边叨念着。

奶奶是个在家都穿着整齐旗袍的女人，常常把白色花边手绢插在胸口的旗袍缝上。身为一名律师的爷爷，做事严谨，话语却幽默，对孩子的教育也很开明，只要孩子快乐，别无他求。此时爷爷却没有回话，只是抬高眼镜，眯着眼仔细看着要给小姑带去的药袋，确保自己女儿旅途上有备无患。这个在爷爷奶奶家的暑假夜晚，我和双胞胎姐姐躺在爷爷奶奶床边的地铺上，听着大人的担忧。

"你小姑当年就是在这个客厅和我父亲见面的，我父亲特地嘱咐我们，这个客厅的摆设不能动，因为有他干女儿的气味。"

张乐平老师的四公子张慰军在其父亲的纪念馆中，带着我一一介绍和展示每个房间。当年这位四公子和小姑一起从香港抵达上海，因为行前已和张乐平老师通信几次，小姑按捺不住见从小偶像的心情，一下飞机就直接到了张府。而这位小姑尊称为三毛爸爸的张乐平老师也早已在家中焦急地等待这位素未谋面的干女儿。

有幸目睹这一幕的张四公子娓娓道来我们两家难得的缘分，当小姑和张乐平老师相拥而泣的那一刻，两个三毛找到了生命的契合。他还说小姑后来在台北离世，张家一家人听到消息，一直无法相信。我和张四公子之前未曾相识，却看到他眼里的遗憾，也许正是因为这永远也弥补不了的遗憾，缘分的延续才更有意义。

我并没有看过《三毛流浪记》的漫画，印象中儿时小姑跟

△ 三毛和"三毛之父"张乐平

△ 作者和张乐平的四子张慰军

我们提过这个孩子，一个和我学校里的同学不一样的孩子。

"《三毛流浪记》里的小三毛是一个孤儿，他在街上擦鞋赚点生活费，很辛苦的。"

有一次小姑试图跟我们描述这个她小时候在书中看到的小三毛。当时我无法从小姑的言语中想象，以为他只是一个调皮的小男孩。

"哦！我懂了，就像《汤姆·索亚历险记》中的哈克，但是我比较喜欢汤姆。"我给了个敷衍的回复。

每年暑假，小姑给我们布置好的作业就是每天阅读中外读物和漫画。其中我最喜欢一些顽皮小孩的故事，也许是我这种乖小孩心中的一点叛逆和羡慕吧！

"不是的，《三毛流浪记》发生在中国，是我们自己文化的故事。他是一个吃苦耐劳又坚毅的孩子，生活也没有你的汤姆和哈克快乐，更没有爱他们的奶奶。"

小姑语重心长地说，语气中透露出她对于我们能了解中西童话的时代背景和人文差异的希望。小姑是一个不说大道理的人，她的《三毛流浪记》却一直在我心底。

那年小姑从上海回来，见到我和双胞胎姐姐就很兴奋地跑来跟我们说："天恩天慈，你们知道我见到谁了吗？我见到三毛了。"

她的语气中带着粉丝的炫耀。当时我和姐姐正值青春期，满脸的不服气。

"难不成你也有一个双胞胎姐妹在大陆等着你相见？"可不

是人人都有身为双胞胎的福分。

小姑也有着爱闹的个性，继续说："不是我的姐妹，是我的干爹。《三毛流浪记》的作者本人哦！是张乐平老师本人哦！"

我和姐姐这可看出小姑的心意。"哦！这就了解了，就像我们看到偶像林慧萍、金瑞瑶还有日本少年队一样的高兴。"

亲人间的小玩笑，你在说，我在逗，就是要弯弯绕绕不让你太快称心如意。在外面小姑是个传奇人物，在家里是我们的大玩偶，她逗逗我们，我们怼怼她。

我并没有把这段往事告诉张四公子。在张家的故居博物馆里我看到了《三毛流浪记》的手稿，才羞愧自己儿时的无知，这可是比汤姆与哈克承载了更多时代变迁和人生坎坷的故事。再次想起小姑跟我说的那句话："小三毛虽然孤单却很坚强，生活艰苦却很乐观。"

小姑小时候也很孤单吧。原来小三毛有两个，一男一女。不同时空，不同地点，两个小三毛用各自的人生实践流浪，一生精彩却疲累，流浪过后回到上海相见，画上栖息的句点，两位三毛从此不再流浪。

从上海回到台湾的小姑创作了《滚滚红尘》这部破了金马奖得奖纪录的电影剧本。二十一项提名和卖座的票房，同时也致敬了她欣赏的作家张爱玲女士。因为这层关系，我也造访了位于上海常德路195号的张爱玲故居和旁边的纪念咖啡厅。在这里张爱玲创作了《倾城之恋》，而小姑也写了本《倾城》。在这本书中，当时上小学的我也给小姑写了一篇短序，表达了我对小姑的书还处于喜爱却不能体会的阶段。两位文学造诣卓越的传奇人物引领我来到这个城市。我虽然不是伤春悲秋的个性，却不自觉在上海繁华的烟火气中找寻那书中隐约的高傲文艺味，像是滚滚红尘中穿着合身旗袍的女人，洋气地跳着国标舞，偷偷观察着身边虎视眈眈的男人。

小姑在奶奶家对面的小木屋创作《滚滚红尘》。我们家人只知道小姑有了新欢电影，却还不知道剧本的整体构思。三年前，我在香港见了《滚滚红尘》的导演严浩，才知道剧本里有很多爷爷奶奶当时在大陆生活的影子，包括大时代的变迁和人生的转折。创作时手舞足蹈，恨不得自己也演上一段的小姑给严导留下很深的印象，直到后来严导都表示很想有朝一日能拍小姑的故事，也算是多年好友再一次的共同创作。小姑从小习画，电影中男女主角蒙着丝巾亲吻的著名画面，灵感就是来自比利时画家勒内·马格里特在1928年创作的作品《情人II》。而另一个男女主角在阳台踩着脚背跳舞的著名桥段也是浪漫至极，很张爱玲，也很三毛。

2019年3月，《滚滚红尘》修复版上映，更是勾起很多人的怀念，而我却陷入一句小姑跟我说过的话中："创作是生活的填补，人生如戏，戏也可以创造人生。"当时年少的我不懂，而今走过年岁，才能体会。

夕阳西下，走遍万水和千山，忘不了那最初的土地亲情，更逃不过最终的落叶归根。

于是不愿走的你，
要告别已不见的我，
至今世间仍有隐约的耳语，
跟随我俩的传说。
……
滚滚红尘里有隐约的耳语，
跟随我俩的传说。

《稻草人手记·亲爱的婆婆大人》节选

我先生荷西与我结婚的事件，虽然没有罗曼蒂克到私奔的地步，但是我们的婚礼是两个人走路去法院登记了一下，就算大功告成，双方家长都没有出席。

……

我终于杀死了我的假想敌。

我亲爱的维纳斯婆婆，在号角声里渐渐地诞生了。

三毛

## 哪里来的大胡子——马德里寻亲之旅

　　长途飞行一直是我想避免却避不掉的事，一年总会有好几次长途飞行的机会，各大洲的各大机场也几乎跑遍。这次却不只是一次飞行，也不只是一次旅行，我已回来一周时间了，但至今还无法准确地定义这次出行。

　　三毛文化的推广也做了一阵子，有幸得到很多三毛之友的鼓励与支持，也办了几场线上和线下相关活动。我当然很开心大家还记得小姑，但在内心深处总觉得空了一块，说不出哪里不对，或者也没什么不好，没什么不对，就是有个不知所以的小缺陷。

　　有一个周末因为要整理思绪，就整理起了衣柜，天真地以为衣服归好位，思绪也能自动归位。在一堆我称为"纪念款"的衣物中，一件小姑给我的牛仔外套抓住了我的眼球。拿起来闻了一下，干净的衣柜中不该有任何异味，奇怪的是我却闻到了撒哈拉沙漠的味道，一阵异国的呼唤和小姑那清脆柔软的声音，像回声一样不停环绕。突然间感受到有个呼唤，我知道一趟长途飞行是在所难免了。小姑选择撒哈拉也是因为在杂志上看了一张美丽的照片，我因为一件衣服也不为过吧！

选择去西班牙也是一直有的念头，一个内心的渴望，有个答案我必须亲身去找，却常被生活琐事的借口耽误。人有时就是得对自己有个狠劲儿，刷卡买上机票，就决定启程。现在有多少人能说走就走？不如说我是来一次完成心愿之旅，上路寻找的那片遗失的拼图，也许就留在那个遥远的地方，等你去找回。

小时候家里常有些看起来不像中国文化下的产物：一些穿着五颜六色衣服的玩偶，还有大块的银饰项链，看起来不是我那秀丽的妈妈和年纪大的奶奶会喜欢的首饰，长大后才知道那都是来自那个国度。如今，我就要去那个城市，摸着小姑以前的生活痕迹，追随她的脚步，感受那片土地偷偷传给我的信息。

经过十二小时飞行，飞机着陆前，我鸟瞰这片大地，有绿色，也有黄土。飞机缓缓降落马德里机场，气温比想象的高，本来常下雨的季节却意外天晴。此后的一路上都常听到大家说，这是小姑的欢迎仪式吧！刚下飞机后的我一般都是呆滞状态，客气地和空乘人员说声谢谢，也懒得遮掩脸上的疲惫，小心翼翼的生活就留在忙碌的温哥华吧！在这里，我只想放松地接收冥冥中安排的邂逅和惊喜，甚至未知的情绪跌宕。

马德里机场第一航站楼并不算新，后来我才知道它已经有近五十年的历史了。也就是说，小姑以前也是走这条出境路线，看着同样的风景，经过同样的过海关程序。一时间我兴奋得忘了时差，开始期待接下来几天小姑安排好的奇遇。

那年小姑给台北家中打了长途电话，是在1967年她刚刚落地马德里的那天。当时的航空运输和通信都很磨练人的耐性，我试着猜想小姑当时的心情，她是多么坚强的女儿，报喜不报忧，同时又心细如发，不希望父母担心。第一通长途电话打通时，听到母亲急切的声音，小姑是不是有一丝丝后悔离乡背井来到这个完全陌生的城市？如果是我，肯定恨死自己的愚蠢和骄傲，自以为是的心墙都在母亲的一声问候中碎落一地。当时的小姑二十四岁，这个机场有她梦想的开始和告别家人的义无反顾。

"姆妈，我到马德里了，你们都好吗？我家里的书记得别放地上，台北潮湿。"小姑在电话中说道。

想念的话到了至亲面前往往只剩下不痛不痒的琐事。

电话那头的奶奶压抑着堆满的关心，只能小心翼翼地吐露一丝丝。听着女儿对家中书本的关心，其实这是她想家的暗示。倔强的旅人不能有留恋的犹豫，做母亲的只好再挤出更多的宽容，成全女儿的海阔天空，只求女儿安好，放心地去飞，家里有父母照顾。今天抵达同一个机场的我，并没有小姑当年的壮志，也没有远离家乡的不舍，毕竟我只停留一周时间。但是我多了追随与亲身体验小姑足迹的期待，就像是寻找一个家族的历史，带回那块遗失的拼图。

在他乡遇到同胞格外暖心，行前我已安排好了说汉语的司机送我去酒店。透过车窗，一路上我看到一幅和北美城市截然不同的城市画像。很少高楼大厦，至少我经过的路线上没有，也没有台湾常有的机车在马路间帅气地穿梭，更没有一堆挤着过街的行人。反之，有点年代的历史建筑处处林立，那些在其他地方列入保护古迹的艺术，在这里却坦然自在地站在街边，像人又不像人的雕像骄傲地看着我这个观光客，好像在说"我已经在这里站好几世纪啦，看，又一个少见多怪的人"，却不知道我真正的目的是来找寻一个亲人在这个城市留下的最美也是最痛的回忆，不知道这些是人还是动物的雕像是否见证过三毛与荷西的日常？

心情的忐忑是因为要见远方从未谋面的家人，一个在小姑口里热情和充满爱的西班牙家庭。第一句话该跟他们说什么？他们是不是还保留着荷西和三毛的物品？我们是否能一起重游荷西和三毛当年牵手漫步的地方？那位小时候小姑口中的大胡子姑丈，他是来自什么家庭，他生长的地方是什么样的，他的三观是怎么养成的，一直以来都让我好奇。可惜当时年纪小，无法在小姑的言语中体会，这次到访也算是圆自己的梦，见见我的西班牙家人，重温小姑当年的感动。当年的他们，现在的我们，何其神奇而珍贵！

到了酒店，刚放下行李，手忙脚乱中就接到显示西班牙国际区号"34"的电话。紧张！电话那头是荷西姑丈的家人，他的六姐卡门。我们双方什么也没多说，光是忍不住地哈哈大笑。电话那头听起来有好多人，用很开心的语调说着西班牙语和英语，有点嘈杂得听不清。管它什么语言，此时此刻，最好的语言就是真心真意。

酒店门童照着卡门给我的地址，好心帮我和不会说英语的计程车司机沟通好。我就带着追梦骑士堂·吉诃德的执着，踏上这最后一公里路，心里那头小鹿早已撞得头昏脑涨。目的地是荷西姑丈从小住的公寓，是他遇见三毛情窦初开的地方，也就是他们故事的开端。两个看似遥远的个体，就在这幢小公寓楼下悄悄遇上，成就了一段传奇的爱情。这个傍晚，重逢的喜悦和当年初识的脑腆交织在一起，我们真情上演着主角缺席的剧情。

短短二十分钟路程，经过了马约尔广场。这是个我熟悉的名字，附近人熙熙攘攘，衬着黄昏淡黄色的天空，颇有大城市风范。身为观光客的我却暂时没心思欣赏，心想按照地理位置来说，小姑应该也常经过这里，她是带着什么心情？是不是渐渐习惯西班牙的生活？是不是碰到什么困难却总想独自解决，没和远在台湾的父母亲说？

不自觉地忆起小时候，小姑常开着她的小白车带我和双胞胎姐姐出去，常常经过圆环。

我总爱说："多转几圈，看看中间种的花是不是一样。"

小姑总是说："不转了，浪费汽油。"

后来才知道，小姑总是记得爸爸再三嘱咐的"开车要稳，不要转圈，我女儿会晕车"。酷酷的洋气小姑，总是默默把叮咛记在心里。

马约尔广场，一定要再找时间来好好逛逛。

因为我不认识路，语言也不通，并不知道何时会到，只能一分一秒提着心期待着。车就在一个转角的联排公寓前毫无预警地停了下来，我的心脏也快停了。就是这里，小姑和荷西姑丈缘分的起始，故事的开端。

我的童年记忆中，小姑很少在孩子面前提起她的伤心，却会说起对荷西姑丈的想念。那种想念在言语中总是淡淡的，在心里却很深刻。儿时的我不懂，只记得这位素未谋面的大胡子姑丈是个阳光大男孩，爱运动，会真诚地表达爱，不掩不藏，有着西方人的直接。

"这是荷西姑丈最喜欢我戴的丝巾，在沙漠里的女人才戴，用来掩面的。"

那是一条颜色很朴实的浅褐色丝巾，材质轻薄，大小刚好遮住小姑的脸。小姑把这个看似不贵重的物品叠好，小心翼翼地收藏在衣柜的底层，脸上没有太多表情，却把这男人也安稳地收藏在心底。这个男人从小长大的地方，有着和小姑度过甜蜜时光的回忆。今天，我踏上了这公寓楼下的路砖，踩着他们当时的足迹，有着暧昧的欢愉与暗喜。

下了车，找到门牌，有点发抖地按了卡门再三告诉我，我小心记在笔记上的电铃号码，那个在心里已经默念很多次的数字。电铃声大到好像急迫地用斗牛士最大的热情欢迎我的到来，而我却近亲情怯，脚步有点害羞。

我进了狭窄的欧式电梯，灯光不太亮，电梯中没有其他人。因为和我熟悉的电梯不同，有点不懂怎么操作，不知道要先拉上门还是先按楼层，手足无措，也可能是心慌意乱而失了应有的逻辑。在电梯上我已听到楼上的人声，虽然听不懂西班牙语，却听出了七嘴八舌中的激动。

电梯门一打开，我看到公寓的房门是敞开的，卡门和妹妹伊丝帖已向电梯门口冲过来。两位精神抖擞的美丽中年妇人，穿着得体大方，满脸笑容，一下子融化了三月天的凉意。接着从房门中开心地跳出来的是荷西的大姐、哥哥和他们的子女们。电梯门口一下子挤满了人，进去和出来的人都被期待。荷西的家人，

△　荷西曾经生活过的公寓

他们曾经见证荷西和三毛的一见钟情，曾经忙着在最短时间准备结婚文件后千里迢迢寄过去，在沙漠孤单生活中做荷西和三毛的后盾。还有荷西姑丈走后，陪小姑度过失去丈夫的日子，这份亲情，现在的我何其有幸能分享。

一出电梯门，我一个跨步就跌进了第一排的卡门和伊丝帖的怀里，扎实地被腾空抱起，在空中停留几秒。含蓄如我，被吓了一跳，心里却暖暖的，充满了软软的温柔。

Hola[1]！你好！遥远却熟悉的西班牙家人，我回来了！

一进公寓门，房子并不大，满屋子的人有认识我的，也有不

---

1　西班牙语"你好"的意思。

认识我的，我们都很想好好认识彼此，脸上堆满了兴奋的笑容。这间荷西姑丈成长的房子，我虽然是第一次到访，却莫名觉得充满了熟悉和回忆的味道。我对培养了荷西善良、温暖又坚毅个性的家庭充满期待。

荷西姑丈的哥哥，另一个留着小胡子的成熟男人，因为不会说英语，善意地用手势示意我把外套放在玄关的衣架上。我一边和每一位迎接我的家人用唯一会的一句西班牙语"Hola"打招呼，一边乖乖地把外套放好。一路带来的沉甸甸的礼物还是紧紧抓在手里，生怕放在门口会忘了给他们。

卡门热情地把我领进客厅，我一时间不知道该照她说的坐下来，还是满足自己的好奇心先看看柜子上泛黄的照片。她细心地看出我的犹豫，主动拉我到柜子前。

"这是你荷西姑丈小时候的照片，他从小喜欢海，喜欢游

▽　荷西童年时期的照片　　　　　▽　荷西少年时期的照片

泳，就是执着地喜欢。"

在一堆照片中有一张小小的黑白照片，上面是一个穿着白色水手装，带着大大笑容的西班牙男孩。我蹲低身体，让自己和这个天真可爱的小男孩四目相对。

他仿佛在跟我说："你看，我将来要成为一个水手，每天可以和大海一起，一定很开心。我还会给你家人幸福，一定会。"

客厅旁有一间敞着门的卧室，看起来很普通。卡门轻描淡写地说这是荷西小时候住的房间，一直住到十八岁。我屏住气，慢慢踏进了这个不算大的卧室。荷西家是传统的天主教家庭，有八个孩子，他排行第七，上面还有四个姐姐、两个哥哥，下面还有一个妹妹。小小的房间里，摆设已和当年有些改变，右边放着一张单人床，左边是一张书桌和一把椅子，两边墙上有书架，窗户外是对面的公寓，简简单单但满是故事感。

"小姑来过这房间吗？"我转头问。

◁ 大学时期的荷西在西班牙加的斯

卡门说："当然有。他们常常在房里聊天，聊电影，聊朋友，无忧无虑的两个年轻人总是笑得很开心。"

穿着水手装的小男孩和自己的初恋在这个小小的房间里，窗口透进阳光，照射着甜甜的青春。那天的相遇，虽然谈不上以身相许，却在年轻的荷西心中留下深深的渴望。他渴望多了解这位开朗又有些腼腆的东方黑发女子。

小姑当时正要参加荷西楼上邻居，也就是当地一位华人朋友家的宴会。那位华人朋友硬是把在当地求学的小姑拽来参加聚会。小姑很不想麻烦人，也不是很喜欢不熟悉的人之间的客套。万万没想到，这一次不好意思拒绝的聚会，却成就了被传颂近四十年的爱情传奇。

此后，三毛与荷西的俪影就常在这里出现。他们像一般年轻人一样嬉闹，荷西帮助小姑练习西班牙语，三毛给了荷西许下六年之约的勇气。这个见证一切的公寓，至今没有太多变化。而我们三毛与荷西的家人在此初见，也开启了另一段亲情的再续。


荷西的家庭是个极有爱的大家庭。上个世纪初，荷西的祖父只身去了阿根廷工作，开始自己的事业，在那儿一待就是二十年，而荷西的父亲就是在阿根廷出生的。几年后荷西的祖父去世，他父亲回到西班牙，在一个南方的小镇定居下来，因为学会计的背景而进了银行工作，并在那里遇到荷西的母亲。

1951年，荷西就是在这个叫作安度杜尔的小镇出生。我意外地发现，这个气候温暖的小镇竟然种满了小姑歌词中的橄榄树。直到后来几天我到了小姑和荷西住过的大加那利岛和帕尔马岛

△　荷西家人向作者介绍三毛作品的西班牙文版本

上，这首传唱几代人的《橄榄树》音乐也一直陪伴着，在我耳里单曲循环。

　　尽管厨房里传来阵阵香气，我们还是选择先在沙发上坐下，好好看看彼此。其他荷西的家人陆续抵达，我们入乡随俗地亲吻彼此的左右脸颊，这是最好的国际语言。我迫不及待地拿出从台湾带到温哥华，再从温哥华带来马德里的礼物。一座琉璃的装饰品和台湾的高山茶，很高兴他们也喜欢。排行最小的荷西的妹妹伊丝帖开心地走向我，她的手藏在背后，脸上露出调皮的笑，旁边的人也跟着偷笑，等着看我的反应。

我站起身，她从身后拿出两本深灰色的西班牙文书，不说话，就只是笑。厚厚的深灰色书上印着小姑的照片，很有质感的设计。

"这是小姑的西班牙文新书吗？什么时候出的？"

我在来之前已知道第三本三毛作品的西班牙文译本即将发行，没想到就在我抵达的前一天正式上架，卡门和伊丝帖特地让出版商送到了家里。西班牙对小姑的意义非凡，这热腾腾的书就像3月26日小姑生日前夕到来的礼物。一位华语作家因为对写作的喜爱，随手记录了异国的生活故事。三十年后，用另一种语言让书中的人物再次经历故事中的喜怒哀乐。今天这本书我是从荷西家人手中拿到，命运仿佛充满了突如其来的循环。

晚餐丰富到我有些不好意思。荷西家人却待我非常亲切，仿佛我是一个周末回家吃饭的亲人。我也就不把自己当外人，帮着搬桌椅，放好碗盘和酒杯，不知道小姑当时是不是也负责这项工作？长长的桌子一瞬间被香气满溢的西班牙美食铺满。我们倚靠着长桌围坐，我偷偷咽下口水，肚子早就打了一阵子的凤阳花鼓。

命运就是这么幽默，荷西有个侄女和我同名，也叫洁西卡[1]，大概比我年长几岁，在纽约出生，英语说得非常好。我们一见如故，有聊不完的话题。她特地坐在我旁边，确保我不会有沟通障碍，真是个非常贴心又健谈的美丽女人。她一一介绍十几样菜，她说完最后一样，有时差的我已经忘了第一样，到头来还

---

1　作者英语名叫Jessica。

是只知道西班牙火腿、海鲜饭，还有我眼前的三文鱼。

我们各自拿着红酒、白酒、啤酒和果汁，举杯祝福。此时此刻，任何言语也道不尽心中的激动。分不清是四十年后的相遇还是重逢，总之都是梦想成真的感动。我们紧紧相聚在一起，楼下传来的邻居孩子的嬉闹声音，以及说说笑笑声中的开心时刻组成了我在西班牙的第一餐。

忙进忙出的洁西卡转了一圈，回头看我右手拿着叉子，等着荷西大姐先下手，我才敢"染指"眼前新鲜欲滴的橘色三文鱼，她哈哈大笑。

"快吃，快吃，别客气。"

为了这次远道而来的亲人回家的晚餐，荷西的家人早早已经开始准备。有的从远方开了四小时车赶来，有的在家里的菜圃中摘了新鲜蔬菜，有的一早开始和面粉，有的担心我从温哥华来会不会已吃腻了海鲜。我何德何能，感谢远方家人的热情付出和所有的一切。

西班牙的美食让我不但开了胃，也着实开了眼界。我在温哥华时，也在三毛微信群的线下聚会中尝试过西班牙菜。说实话，还是西班牙本地的菜对我的胃口。不知道是不是西班牙南北菜式的不同，这顿晚餐的食物完全没有太咸或太酸，或许是家人间的了解战胜了文化的差异，家常菜在世界各地都是完胜五星级大饭店的。

"荷西姑丈以前也常吃这些菜吗？"

我一连吃了好几个土豆、半个蛋饼和两个肉丸，填饱了肚子后还是忍不住想多了解这位素未谋面的姑丈，小姑灵魂的另

△ 作者和荷西家人

◁ 荷西用过的蛙镜

206

一半，以填满好奇心，这也是这次旅程的重要目的之一。

"这些都是我们平常吃的菜，荷西喜欢吃蔬菜和西班牙油条，明天我们带你去马约尔广场时可以尝尝。"

卡门带着笑容回答，我举起酒杯和她碰了杯，一切尽在不言中。

荷西走时正值壮年的二十八岁，伊丝帖是家中最小的妹妹。

"荷西走时，年轻的我正在希腊旅游。当时我已打算偷偷回来，给家人一个惊喜。那个年代联系很不方便，我又在旅程当中，家人无法联系到我。"

满心欢喜回来的伊丝帖，却万万没想到她和感情最好的哥哥已经天人永别。一场意外，无情地在两个家庭里炸了个大洞，至今无法填满。穿着水手制服的小男孩从此和他的海永远相依，却和他的家人、爱人永隔。十二年后，小姑也走了，相信重聚后的他们，是自由的。

晚餐在愉快的气氛中结束，卡门帮我叫了车送我回酒店。

"明天见。"她隔着车窗大喊。

我眯着眼笑，连声道谢。


隔天一早，我们以开心和怀念的心情开始了追随小姑和姑丈的足迹。不管是相遇还是重逢，都是美好的际遇。

因为是周末，马约尔广场人潮涌动。观光市场前的街道上种满了莓树，春意盎然。卡门和伊丝帖虽然年纪不小，但西班牙人天生的乐观和轻易感染人的热情，总让我们忘了她们的年龄。一路上她们兴奋地向我介绍这个她们成长的地方，我虽是第一次和

这座城市见面，却充满熟悉。

"以前荷西和三毛常常跟我们一起来这里逛街、吃午餐，大部分的时间就是随意走走聊聊，没有目的，只想在一起，生活就是那么简单。"

西班牙是很多北欧人来避寒度假的地方，马德里充满各色人种，都是闲逛的慢步调，我也跟着放慢脚步。

我们经过一家服饰店，里面有很多南欧风情设计的项链、耳环、手环和洋装皮包等，都是小时候在小姑房里看过的，今天我终于找到了货源。小姑平凡生活中的小发现，经年累积成了后来三毛式的穿搭风格，至今独树一帜。因为这个发现，我心里有了份踏实。广场上很多年轻人驻足，加上卖力表演的街头艺人，不停拍照的观光客，还有打闹的小孩，非常热闹。广场中心被公寓从四周包围，很多人在阳台坐着，望着楼下的喧嚣，欣赏一下午的欢乐。

"这就是荷西很喜欢吃的西班牙油条。"我们漫步到广场后面，卡门指着一家排着长长队伍的小店说。

西班牙油条和中国油条可说是同父异母的兄弟，个性不同，口味不同。西班牙油条要配热可可或咖啡，中国油条要配豆浆。一甜一咸，各有所好，值得一试，可惜荷西没机会尝尝中国油条。

"这是家百年老餐厅，以前我们和你小姑常常来这里吃饭。我们就像其他年轻人一样走走逛逛，享受周末时光。荷西和你小姑总是手牵手，有说不完的话。"

卡门在一家路边的西班牙餐厅前停下，我从她眼里看到对弟弟的想念和对青春的追忆。

"你小姑对人很有兴趣，特别喜欢听我们说生活上和朋友相处的小故事，有时候我们也会聊聊男孩子，她给我出出主意。我和她不只是姻亲，更像无话不谈的好闺蜜。"

伊丝帖也陷入沉思。我在她旁边静静地感谢这家人给小姑的温暖和对我的款待，两家人的缘分至今不变。

马德里处处有古老的建筑，成就了这个城市的人文感，大概这也是小姑会喜欢这里的原因，我分外珍惜这次的文化沉浸。我们来到一家在路边的百年书店，其实比较像是书报摊。卡门说这是小姑最爱逗留的角落，常常可以停好几小时，每本书都想买回家。

△ 作者和卡门、伊丝帖在马德里书店看到三毛的作品

"她看了很多书，所以她的西班牙语越来越好。刚开始还有些语法和发音的错误，半年后已经说得很好了。我哥哥因为在德国待过，你小姑还会和他用德语交流，非常有语言天分。"

伊丝帖补充道："荷西比较喜欢运动，你爷爷很喜欢他的运动细胞，你小姑好像不太爱运动，比较喜欢看书和聊天。"

从她俩边走边随口聊到的一字一句中，我渐渐拼凑出小姑在西班牙一点一滴的生活日常。小姑的喜怒哀乐多年后可能再也无法用只言片语描绘清楚，但是可以确定的是，在这里她是被爱着的，这些西班牙家人给了她很多的温暖和接纳。在他乡重新开始并不容易，小姑在这里努力适应，接收南欧的阳光与热情。

卡门和伊丝帖带我吃了著名的小吃Tapa，小而精致的食材。小店里聚满了人群，我们就站着吃。看着她们为了我忙进忙出点菜，我着实感谢。我们边说边笑，碰杯敬酒，我也开始习惯西班牙三餐的生物钟，放松地享受。

我因为兴奋没感到疲累，却不好意思再打扰卡门和伊丝帖，虽然她们年近六十还非常硬朗健康。

舍不得和葛罗（荷西的姓氏）一家人说再见，但时间还是到了。因为隔天我要赶一早的飞机去小姑和荷西居住过的大加那利岛和帕尔马岛，卡门和伊丝帖明早也要开车回到她们居住的城市，我们就在街头道别。我的心中充满感恩，也知道一定还有下次相聚。

这是一场短暂而深刻的见面，这几天的陪伴饱含着情绪的起伏。四十年后两家人相拥的那一秒开启了下一代的传承。开始就会一直持续，天上的荷西与三毛也会手牵着手感到欣慰。

而我的下一站，三毛之岛，更是小姑生日的礼赞。

《稻草人手记·逍遥七岛游 大海中的七颗钻石》节选

　　不知何时开始，它，已经成了大西洋里七颗闪亮的钻石，航海的人，北欧的避冬游客，将这群岛点缀得更加诱人了。

　　……

　　可是荷西和我更乐意带了帐篷，开了小车，漂洋过海地去探一探这神话中的仙境。

三毛

## 逍遥二岛游：
## 原来你也在这里——大加那利岛（上）

去过很多大大小小的岛屿，小时候在台湾郊游时去的绿岛、兰屿，搬到加拿大西部城市温哥华之后，旅游胜地的温哥华岛周围有各式各样的私人岛屿，对我一个出生成长在宝岛台湾的旅游爱好者来说格外亲切。然而，这次准备造访的两个位于西班牙西岸、非洲北岸的小岛，对我、对我们整个家族来说都是别具意义与期待的。荷西走后，四十年后我们陈家人第一次踏上这片土地，为此我油然而生一种任重而道远的使命感。

小姑在《逍遥七岛游》里记述了她和荷西当年来到加那利群岛这七个被称为"金苹果"的岛屿，那个在古希腊《荷马史诗》中被赋予神秘色彩，令水手们向往的仙境之岛。当年小姑和我们现代旅人一样在行前做足了旅游攻略，当时没有网络，全靠着图书馆里的旧书和朋友间的口耳经验相传，不但费时，资料也不齐全。然而熟悉小姑个性的人都会和我一样，相信小姑一定是带着兴奋的心情仔细阅读。她一向是对新鲜事物、人、地方和文化充满如同孩童般的好奇，再长的路、再累的准备都浇不熄她的义无反顾。

当时因为战乱，西班牙丧失撒哈拉沙漠的统治权，小姑和荷西姑丈便想从撒哈拉沙漠搬回西班牙。因为大加那利岛的善良人文风气与邻近北非撒哈拉沙漠的地理位置，他们选择落脚于加那利群岛中的第三大岛大加那利岛。《逍遥七岛游》写的就是小姑已经落脚大加那利岛后去其他几个岛游玩的经历。

相信很多三毛的读者对于这段故事都很熟悉，也有很多特别有行动力的读者已经不远千里，亲自追随三毛的足迹，以书中极其有限的资料为基础，做了比小姑当年更多的攻略，千辛万苦地来到这七个在我们华人眼中的"三毛之岛"。在此，我感激之余，更想回忆的是长辈们提起当时小姑辗转搬迁，前有很多的未知与彷徨，后有纷飞的战火在追赶，两个相爱的人紧握彼此的手，没有畏惧。而远在台湾这个小岛的家人们更是担心却爱莫能助。

曾听家中长辈说起，小姑是在1976年左右到了加那利群岛。当时我才四岁，每天待在奶奶家无忧无虑地玩耍，浑然不知家里人对小姑的担心，甚至不知道远在那个金苹果小岛有位后来和我成为好朋友的家人。那可是个寄一封信到欧洲都要整整一个月的年代，很多人都不知道西班牙在欧洲的东南西北，一个华人女子为了爱却去往本来人烟稀少的沙漠，在颠沛的生活中找到了快乐和满足。

那时的新闻是报道了撒哈拉沙漠的长久战争，一对没出过亚洲的父母在电视前看到女儿居住的地方处处烽火连天、硝烟四起，简直心急如焚。尽管身为父母非常希望把子女留在身边照护，可他们却用最大的包容与尊重去支持这个特殊孩子的梦想与自由的灵魂，把担惊受怕藏在无私的慈爱里。他们在家庭的晚餐饭桌上也甚少提及自己的忧虑，是不想小姑的兄弟姐妹也加入担心。他们只能默默祈祷战争赶快结束，远方的女儿和女婿捎来一切安好的信息，这是父母的另一种爱和一力承担。

今天我带着已故祖父母曾经的不安以及家中长辈对小姑的想念，在马德里和荷西姑丈一家人分别后，乘坐西班牙国家航空公司的飞机，在清晨来到这个属于小姑的岛屿。虽然我深深知道这会是一次情绪波动很大的旅程，但还是早在飞机起飞时就难掩心里的激动。

《逍遥七岛游》中提到，小姑和荷西决定从居住的大加那利岛前往其他岛屿旅游时，第一时间就排除了坐飞机的选择。比起节省时间坐飞机、住舒适的大酒店，他们更喜欢坐船和住帐篷。小姑总是选择能接近当地人、体验当地人文的旅游方式。这一站我却惭愧地选择了乘坐飞机，随行的还有跟拍纪录片的团队的导演和我的好友小月，帮我忠实记录这次意义重大的人生里程碑。虽然我们是为了省时间，拍摄器材也很庞大沉重，加上我有晕船的恐惧，但这些着实都不是借口。现代人为了便利，确实错过了很多慢生活中的风景。带着内疚抵达大加那利机场，见到小姑当年的忘年好友南施姐后，又再次感激小姑的牵引。她的好友四十年后早早在机场等候她的侄女，相信是小姑的安排成就了这温暖的一幕和这份跨越年代的缘分。

"天慈，天慈！在这里，这边，看到了吗？"

南施姐一边在微信上喊着，一边快跳起来似的伸长了脖子和

△　三毛故友张南施（左一）、三毛公园海边餐厅老板佩里科（左二）、玛卡门女士（右二）和三毛故友付晓秋（右一）在机场接机

我招手。她身旁站着小姑当年的另一位好友晓秋和一位西班牙友人玛卡门女士。

　　我推着行李车，茫然地左顾右盼，同时在微信上大喊："看到了，看到了，我们过来了。"嘴边的笑容立刻扫光了连日来的疲惫。

　　此前一直和南施姐在微信上交流。她是个热心的人，帮我们推荐了酒店和航班，让我们第一次来到这陌生的地方却并没有感到不安。她身边的玛卡门女士也非常热情，虽然不会说英语，却给我一个大大的拥抱加上一连串的西班牙语。我只能回以微笑，真心感受到她对我们来访的盼望。从她们的笑声中，我闻到小姑对这个岛的偏爱，热热的空气中有着黏黏的情意。

　　"我们先去吃饭，就到那家海边餐厅，然后我带你们去逛逛。"

我们到停车场拿了车，南施姐上车后一边发动引擎一边说，还不时往后视镜看看另一辆车是否跟上。玛卡门女士载着晓秋和纪录片导演，紧紧跟着我们出了机场。我一时间来不及感受这一切的奇妙，就这样糊里糊涂被命运安排着来到了岛上，推进了他们的回忆和我的第一次体验里。

我们往泰尔德开去。因为刚从马德里这个大城市飞过来，一路上我的第一印象只觉得这是个单一的土黄色基调的朴实城市。对一个长年生活在北美粗犷文化中的人来说，这里的建筑还带着在加州度假村见过的拉丁风格，有点熟悉感。小姑从荒芜的撒哈拉沙漠来到这里，确实也花了点时间适应，这点后来她回台湾时也跟我们提过。她的说法是跨度怎么都比不上回到嘈杂的台北大，刚下飞机的我渐渐能体会。

不久后，我们的车子停在海边。这是一个叫"男人海滩"的地方，而我们眼前的海岸只是"男人海滩"的一小部分。也许这片海好比男人，确实不太好懂，这海浪的汹涌也像爱情中不可避免的七上八下，时不时来折磨人。小姑当年听到这片海的名字时，是不是也有这种感悟呢？那温柔的夜、海边的星空和那无尽的孤单。男人海滩，男人再也不归。

"我们先吃饭吧！"

南施姐早就知道我们会忍不住往海边走，一下车她就先发制人地发号施令。可惜她的话并没有奏效，我们还是被这片海和那面有着小姑画像的蓝墙吸引了过去。这是个特殊的海边角落，是由当地政府规划设计的"三毛角"（Rincón Sanmao）。车刚停

下，我们就见到了墙上海报里的小姑穿着在沙漠中常穿的白袍，飘曳的长发任风吹散，远眺着这片"男人海"。

此情此景，我当然完全听不到南施姐在旁的声声呼唤，独自向小姑的画像前走去。她一个人眺望着海，是不是在等远方的亲人？

"原来这是你梦中的那片海。"我在心里对她说。

虽然这里被称为角落，实际上是一个小公园。中间天空蓝的墙上有小姑的画像，墙前放了一张可容纳两三人的铁椅，大概是让人在此陪陪小姑，静静看海。除此之外，还有几个孩童玩的溜滑梯和秋千。听那位玛卡门女士说，设计师当时的灵感是来自三毛对孩子的喜爱，也是想让孩子的笑声充满这片本该愉快的海边。

这个为小姑定制的角落以及西班牙人对小姑的厚爱着实让我感动。小姑曾有两段时间在此居住，第一段是小姑和荷西因为西属撒哈拉沙漠中的战乱，从沙漠搬来大加那利岛。他们选了一个离海边不远的平房，有荷西喜欢的海和小姑喜欢的宁静。当年在这岛上生活的亚裔人不多，镇上出现一位亚裔女子也是很突兀的。见过各种文化差异场面的小姑，早就习惯各式好奇的眼光。荷西出去工作的日子，小姑会在家写作、看书，不主动和人联系。午后在海边散步，独自闲晃，到市场买菜，带一束花回家，也和邻居攀谈。小姑喜爱这小岛独特的自在和惬意。

第二段是荷西姑丈去世后的上世纪80年代，小姑独自一人回到这个变得过于宁静的岛。还是在家写作、看书，更少与人联系了。午后的海边散步也减少了，也许是因为她对海已有说不出的失望。曾经美好的回忆，如今却形单影只，这片海，已是不敢靠近的背叛。

小姑的海陪伴着今天的我们造访"三毛公园"。经过快四十年后，这里以她的名字命名、重建，中西文化在这里无形地交流，相互影响。海浪虽汹涌也不再是眼泪的化身，而是对生命的感动。这片海默默见证着命运的潮起潮落、欢喜离合。

一阵感叹与唏嘘之后，还是得满足俗人的口腹之欲，更不用说我在来之前就收到很多三毛之友转发的"三毛丸子"的照片，我非常期待吃到它。

一进这个海边餐厅，就感觉整个餐厅充满着度假气氛和西班牙人的乐天欢笑。里面坐满了人，大部分是家庭客人和零星的旅客，黑头发的亚裔人只有我们一桌。我们选了张靠墙的长桌，南

# RUTA

# SAN MAO

Sanmao (1948-1991), escritora chino-taiwanesa icono en los países asiáticos.
Vivió diez años en Playa del Hombre, Gran Canaria como Echo Chen.
Su influencia fue vital para sus compatriotas que hoy siguen su estela y nos visitan.
Sanmao dejó tras de sí, más de veinte obras, fue guionista de cine y la traductora del
personaje de "Mafalda" al chino. Mujer amable y cariñosa. Le gustaba bajar a la playa
a recoger "callaos" para enseñar a los niños a pintarlos.

"Las Islas Canarias son un paraíso turístico, tener que describirlas en este relato
tan corto es una lástima. Espero que algún día el lector pueda venir a visitar este
archipiélago…"    (Sanmao)

三毛（1948-1991），中国台湾作家，曾在大加那利岛男人的海滩
  （*Playa del Hombre*) 居住了将近十年之久。她的作品在亚洲广为流传，
至今仍深刻地影响着同胞们追寻她的足迹 前来这里探访。
三毛留世有二十余部著作，当过电影编剧，还是漫画 *Mafalda*
的中文译者（中译本名为《娃娃看天下》。她和蔼可亲、
平易近人，喜欢在海滩边捡一些鹅卵石教孩子们在上面画画。

她曾在一则故事中写道："加纳利群岛是旅游天堂，
要在这么短的篇幅里把它全部描绘出来真是太可惜了。
我希望有一天读者们能够亲身前来探索这些岛屿。"

Cabildo de
Gran Canaria

GranCanaria

Ayuntamiento
de Telde

TELDE
embruja

△ "三毛角"海报

施姐用流利的西班牙语点了一桌子好酒好菜。早在马德里的荷西家人的盛情款待下，我已彻底爱上西班牙小吃。虽然进餐时间和我们习惯的不同，但必须得承认所有的等待都是值得的。

自从踏上西班牙的土地，这个吃饭时间的问题总让我脑海里充斥着小姑翻译的漫画《娃娃看天下》中的情节。那个爱谈政治的阿根廷小女孩玛法达和她爱喝汤的弟弟吉也每天下午都要睡长长的午觉，晚餐吃到半夜，每年家庭都要去度假晒得红红的回来。这是我了解西班牙人生活习惯的开始，也是小时候看这漫画时常和小姑聊的话题。小姑总说西班牙人如果夏天不去度假，就不好意思跟人说，要偷偷躲在家里。我回了一句："他们度假是做给别人看的，我们度假也要照很多照片，回来给同学看，全世界的人都一样。"

这次旅程我也是亲身体验了一番特殊的饮食文化。我们围坐在桌边，用味蕾感受这个初次造访但又熟悉的地方。第一道菜是新鲜的三文鱼，配上单宁丰富厚重的西班牙葡萄酒，来自三文鱼之乡温哥华的我也不得不写个"服"字。我毫不客气地把自己的疲惫狠狠地浸在这南欧的氛围里。

"你小姑和我是忘年之交，认识她时我才十五岁，她应该是三十出头。当时年纪小，和你小姑并不太熟悉，只知道镇上来了一个爱读书的大姐姐，当时还不知道她是作家。后来，直到荷西去世，你小姑又回到岛上，当时我十八岁，我们才热络起来。我常常去她家看中文书，和她聊聊天，很喜欢她。"南施姐拉起我的手缓缓叙述。

经过这些年，不管是南施姐还是我们家人都已渐渐从失去这位亲人或朋友的悲恸中走出，回忆起她的一切，只有甜美、温暖，如今更是因为她把周围的人再联结在一起。

"小姑有没有常常去你们的中餐厅？她有没有跟你父亲学几道拿手菜？"

我好奇地问起。南施姐家开的中餐厅在当地享有盛名。

"她常来，但是她总是说得多吃得少，你知道的，她对人的兴趣大于食物。她总是主动关心身边的人，这里的人都很喜欢她。"南施姐继续说，"当时的小镇上人口不如现在的多，当时也没有这家餐厅。我们也很关心荷西出去工作时一个人在家的她。我们家住在北边一个叫作拉斯帕尔马斯的城市，到她家也要二十分钟车程。平常你小姑除了去我们那儿办事，没事时也会在这附近散步。"

我望向窗外的海和熙熙攘攘的人群，想象当时清静的小镇。小姑等着丈夫回来，有个盼望总是好的。

"三毛丸子"我终究还是没有吃到，当天客人太多已经卖完了，我有点遗憾。这种丸子是用三文鱼和鱿鱼做的。上世纪70年代很多远航渔船来此，所以这里渔产丰富。小姑特别喜欢吃鱿鱼，也很会烹饪海鲜。于是，和我们同行的玛卡门女士就建议这家后来开的餐厅的老板，给这道菜取名为"三毛丸子"。这位玛卡门女士满脑子都是小姑，仿佛和小姑早就认识，做闺蜜很多年了。我的家人能让远方南欧小镇上的餐厅有一道菜以她的名字命名，着实令我感到骄傲，下次一定要再回来尝尝这个丸子，相信除了小姑的味道，还会有浓浓的人情味。

南施姐提到小姑的烹饪技术受到当地朋友喜欢，这让我不禁想起小姑亲手做的那道西班牙海鲜饭，就是在她刚搬回台北的第一年下的厨。我的母亲，也就是小姑的弟媳妇也在旁边学习。据我母亲的回忆，小姑不太讲究食材和调料剂量多少，随心所欲，全凭心情，煮的人开心，吃的人也会开心。小姑煮的不只是一道菜，还是对西班牙故人的怀念。那道西班牙海鲜饭一上桌，我和姐姐立刻拿起勺子挖了一个大洞。两个小孩满嘴的橘黄色饭粒，满心的新奇。

"小姑，我们把你的西班牙吃掉了，你再也回不去了。"

我们吃饱后，跟餐厅老板道了别，拍了合影照片，带着忐忑的心情上了车，因为下一站是小姑的故居，那个她和荷西曾经厮守的地方。

"我们和小姑的邻居甘蒂约了三点，现在怕迟到，得赶快了。"

南施姐是个认真负责的人，已经在几天前安排好了一切，为这次将近半个世纪后的见面做足了准备。

她接着说："你小姑那间房子现在的主人为了见你，也特地从马德里赶来。他们平常不住在这里的，只是偶尔来度假。"

我心想这次旅程真是麻烦了不少人，有点过意不去。


车没开多久，经过几条上坡的道路后就停在一个街角。一切仿佛理所当然，就这样要和她的家见上面了吗？

南施姐和其他当地朋友已经不是第一次来了，对于一切早已熟门熟路，并没有注意到我的紧张。我和纪录片团队的小月、王导一行人跟在南施姐带领的队伍后，听到他们一阵阵高昂的西班牙语问候，还来不及缓过来，人已站在小姑的家门口，这个常听小姑怀念起的家。

2018年起，在许多西班牙民间友人的努力促成下，大加那利岛和帕尔马岛两地的政府开发了"三毛之路"这个旅游项目，目的就是纪念小姑对中西文化的贡献，同时鼓励多一点华人同胞来到这两个美丽的小岛。每个"三毛之路"的景点前都会有个政府认证的蓝色方形标志，醒目地写着"三毛之路"。除了刚刚我们去的"三毛公园"，小姑的故居也是重要景点之一。小姑的故居因为其重要性，门前的标志也特别大。左边是小姑那张穿着迎风飞扬白袍的照片，带着浅浅的微笑看着每一位来看她的访客，右边用西班牙文和中文分别写着"Ruta Sanmao"和"三毛之路"，简简单单的设计已道尽这个地方对小姑的尊重和情感。旅客仿佛了解三毛爱安静的个性，总是三三两两而来，人不会太多，也不会逗留很久，只是静静地陪她一会儿。

这个家是小姑在上世纪70年代和荷西一起居住的房子，荷西去世后小姑独自回到这里已是80年代，直到决定搬回台湾久住，她才万般不舍地出售。1979年秋天，爷爷奶奶长途飞行来看小姑，也见见这位传说中迷恋小姑的西班牙大男孩。

房子的现任屋主朱利欧先生和夫人站在门口迎接我们，这是一对挺高大的、和蔼可亲的西班牙人，先生穿着衬衫加西裤，夫人穿着凉爽的洋装，休闲又不失礼仪。小姑的房子他们接手照顾，一砖一瓦尽可能保持原状，一间给人感觉干净整齐、清清爽爽的房子是小姑的个性与人生态度的体现，简单、自我却也无害地静静存在着，默默地影响周围的人。

"Hola！"

我用了西班牙语来问候，大家拥抱成一团。

"你是第一个来访的陈家人，我们很高兴，也很荣幸。"

透过南施姐的翻译，我和屋主朱利欧先生在门口就迫不及待地聊了起来。千言万语一时间不知从何说起，一堆疑问堵在嘴边，思绪来不及处理。

这一脚踏进门，心底钻进一阵任我如何武装也无法抵抗的暖意，除了缴械投降，心里还有些喜滋滋的。没错，这是她的味道，她在这儿，今天也在。

《稻草人手记·逍遥七岛游 大加纳利岛》节选

　　这本来是一个安静而人迹稀少的岛屿，十年前欧洲渴求阳光的游客，给它带来了不尽的繁荣，终年泊满了船只的优良大港口，又增加了它的重要性。

## 逍遥二岛游：
## 原来你也在这里——大加那利岛（下）

　　小姑的故居位于这条街的三号，和旁边的住宅其实没多大区别，是幢很普通的建筑。橘红色的砖加上白色的墙，大门是一扇铁拱门，屋顶是橘红色的瓦片，很有度假城市的风格，给人舒服、放心的感觉，莫名让人喜欢。说实话，我不确定我是不是能公平地评断，在我心里早已对这房子有了先入为主的好感，一见钟情就是这感觉吧！

　　进门后是一条宽敞的长形走道，地上铺着米白色的大瓷砖，右边是个小花园，有一丛茂密的矮树和一块目前没有花的花圃。

　　"你小姑以前很喜欢在这儿种花，可惜当时的花没留住。"

　　南施姐是很好的口译，一直跟着翻译朱利欧先生的话。我猜他的意思是好花不常在，人走花谢。我们没有直接进屋里，而是走进了走道尽头的车库，车库门开着。

　　"这个木架子是当年荷西自己做的，他的手艺很好，木工做得很坚固，到今天我们还在用，也算是对他作品的尊重吧！"

　　当时，小姑总是收集很多石头，她还说石头就像她的朋友，

△　三毛故居一角

需要呼吸。所以宠爱她的丈夫荷西就亲手做了这个木架子，上面放的不只是石头，还有对妻子满满的包容与欣赏，一个丈夫对妻子的爱，直至四十年后依然经久不衰。我也伸手触摸这木架子，确实很细致，没有刺人的木碴和剥落的油漆。

如今，车库并没有停车，也是整齐地放了很多杂物，当成了储藏室在用。朱利欧先生摸着木架子，脸上带着喜悦，迫不及待地跟我说当年的故事，仿佛是憋了四十年的故事终于能向对的人吐露。

经过一番户外的参观，我的期待已经压抑不住。朱利欧先生看出我的兴奋，带着我们进了屋内。他了解我不会放过任何属于小姑的角落，每处都会仔细品味。

一进门先是一个长条形的前厅，朱利欧先生告诉我们，这个空间是当年小姑在时就有的，他们并没有改动过。他们收房时，小姑还告诉他曾经想把这里改成花房，后来并没有这样做。再往里走就进入主屋，屋内很凉爽、很干净。首先是客厅，四四方方的，暖暖的三月天，有阳光洒进来，好像小姑在对我们微笑表示欢迎。我一眼就被进门后左边的一个特殊设计吸引住了——厨房和客厅之间是一个拱形的墙洞，让在这个半开放式的厨房里做菜的人可以一眼望到客厅窗外的花园。我想小姑一定很喜欢从这个角度看窗外的黄昏，等待荷西归来，计算着上菜的时间。那是属于小夫妻的日子，那是她半圆形的世界。想起小姑在台北的房子，客厅也都有几个窗户，那是她喜欢的，她总说窗户是代表自由和希望。

"人有时候不能完全自由，但是至少要看到希望。"小姑常常说。

朱利欧先生带着我们走到厨房后面，一一参观每个房间。因为年代久远，不得已很多家具都已经更换了，格局也稍有变动。里面的两个卧室并不大，我甚至分不清哪一个是主卧，哪一个是次卧。

"你的爷爷奶奶来时，就是住在这个卧室里。"朱利欧先生在一个小房间门口说道，南施姐也忙着替我们翻译。

这是一个有两张单人床的卧室，两张不算大的床上整齐地铺着白色床单。进了另一间卧室，墙是后来刷上的深绿色。里面靠

△ 三毛父母前去探望三毛时 居住的房间

△ 三毛和荷西的房间

墙放了一张大床，几乎没有其他装饰。

参观完两间卧室，我心跳加速，脑海里出现小姑、荷西姑丈和爷爷奶奶住在这里和当时他们相处的画面。还有那张爷爷和光着上身的荷西下棋的照片里，西班牙的热情和中国传统的亲情交织在那张小小的棋盘上。爷爷托着腮帮子，荷西光着上半身，想必彼此的关系已不陌生。异国的岛屿上拍下的平凡的家庭生活照，透出西班牙人度假般的愉悦。小姑肯定是幸福的，有爱她的丈夫在身边，在那个难忘的中秋节前夕，还有父母不远千里来探望。

爷爷奶奶常跟我们说荷西姑丈的好，尤其是他爱运动的好习惯，特别合爷爷的心意。爷爷是个爱运动的人，曾经想把子女和孙女都培养成运动员，最后只有这位洋女婿是个运动健将，所以

◁ △　三毛、荷西和三毛的父母在西班牙

他对荷西姑丈也是诸多称赞。荷西姑丈虽然不会说汉语，英语说得也不流畅，两人却能像父子一般地畅谈，双方肯定都花了不少心思，也是很大的缘分。

房子的最里面是一个洗衣间，是后来打通扩建的。地板上浅橘红色的瓷砖和门口的砖很相衬。

我们在客厅的藤椅上坐下，和朱利欧夫妇聊了一下，得知他们在买这房子之前其实并不认识小姑，也不知道小姑是因为太悲伤而不得不卖掉这房子。后来在房屋交易过程中认识后，他们觉得小姑是个很亲切的华人女子，不过不知道她是著名作家。

朱利欧先生说："你小姑搬走时还给我们送了一盆花，至今我们还记得那份善意。最近几年，门前常有华人旅客驻足，有时候还对着我们的大门唱歌，我们也不知道为什么。打听了之后，又在网上做了很多资料搜寻，才恍然大悟。"

说到这里，夫妻俩相视一笑，好像在笑当年的"不识泰山"。

"后来政府把这里规划成'三毛之路'的一站，我们也欣然同意，算是纪念这位后来才熟悉的前屋主。今天把这个故事传给她的家人，也算是一个交代。很高兴能有这个机会。"

我赶紧回应："很感谢你们对小姑故居的爱惜，尽力让它保持原状，以及对'三毛之路'的鼎力支持。"

我上前握住朱利欧先生和夫人的手，也顾不得对于初次见面的友人是否太热情。此情此景，言语已无法完整表达。

我们因为和隔壁的邻居甘蒂约好，只好依依不舍地跟朱利欧夫妇拥抱道别，互相留下联系方式后，步行前往隔壁的甘蒂家。

等待我们的是祖孙三代的一大家子，孩子们发出欢呼声，让一向不喜欢麻烦人的我有点不好意思。甘蒂曾在小姑的几本书中出现多次，其中《梦里花落知多少》描述了小姑在荷西意外过世后再回到大加那利岛的故居，来迎接她的甘蒂帮小姑打扫好房子，刷干净窗户，还坚持不让她独自留在故居里过第一个夜晚。今天我是带着道谢的任务来的，虽然我一个晚辈的道谢和甘蒂深厚的友情比起来显得微不足道。

我还在楼梯上准备上楼，就看到甘蒂的孙辈们在上面的庭院里喊着"Hola! Hola!"。我连忙打招呼并加快了脚步，近乎小跑步地上楼。一上去就见到一头金色中掺点白色短发的甘蒂朝我走来。她给了我一个大拥抱，接着她的子女和孙辈们都带着家人般的温暖，还夹杂着些许羞怯和我一一拥抱。

当年在小学当教师的甘蒂常常和小姑隔着一堵墙聊天话家

常。那堵墙还在，甘蒂这边的加高了一些，另一边没变，只是人事已不复见。

甘蒂的儿子莫德斯特用流利的英语和我聊起来。

"我小时候常常见你小姑和我母亲在这堵墙的两边聊天，常常聊很久都不进来。你小姑很爱笑，她们就这样站在墙的两边，就是这堵墙。"

他拉我走过去。甘蒂家在比较高的地势，我从这堵墙顺势往下看，看到了小姑家的橘红色屋顶，也就是小姑在《梦里花落知多少》中描述的，带着伤痛回到岛上，第一晚在甘蒂家看到自己家的屋顶瓦片，眼里不敢直视，心里想着屋内的人。

我和莫德斯特倚在墙边继续聊着，正好就在当年甘蒂和小姑聊天的位置。

△　三毛、甘蒂以及甘蒂的孩子们

"我记得小时候有一次，妈妈和爸爸要去听音乐会，你小姑很好意地来我们家照顾我和妹妹，她跟我们说故事，什么故事我也不记得了。后来，我因为顽皮爬上爬下把头弄伤了，你小姑很紧张地带我们到医院，很内疚的样子，其实调皮的是我，没有听她的话。至今我还很感激她的照顾，她真是一位很善良的女士。"

我也附和着："小姑的善良总让她身边的人温暖，她的悲哀却常常是不说的，她永远是把阳光洒在别人身上，阴影留给夜晚的自己。"

客厅传来一阵美妙的歌声，是玛卡门女士因为目睹这次两家人的再聚首，一时有感而发唱起了一首她自己为小姑作的歌曲。

△ 三毛和甘蒂

△ 作者和甘蒂

237

△ 左起依次为甘蒂丈夫、小莫德斯特、三毛父亲和荷西

歌词大致是说小姑是海的女儿，我们怀念她，这片海永远属于她。好美的意境，好美的西班牙友人的欣赏之情。

甘蒂走进房里拿出一本贴满相片的厚重相册。她一一为我展示她和小姑，以及孩子和小姑的合照。

"Echo很喜欢孩子，也想要有自己的孩子。她总是对我们的孩子很好，我们两家不只是邻居，已经成为家人，她的走对两家来说都是很大的失去。"

已是白发苍苍的她眼里泛着泪光，却没让眼泪掉下。多年后再想到逝去的亲人也只有无奈的惆怅，而不再是放声地痛哭流涕，我懂的。

莫德斯特拿出一幅裱好的照片对我说："Jessica，你看看这是谁？"

我以为是小姑，没想到竟然是爷爷的照片。照片里的爷爷穿着他最喜欢的小牛排褐色外套，非常精神、自信，也很健康。我眼眶湿了，这是一位老父亲搭了十几个小时飞机，来到西班牙后给这家人留下的印象。这张照片真实地拍出了这第一个成就三毛的人，一个温和斯文却给女儿最强大肩膀的父亲，三毛永远的靠山。

"谢谢你们。"此时除了这四个字，我已无言。

这一家人细心呵护着小姑在大加那利岛的记忆，她人生轨迹的一部分。这次不但见到小姑常提到的甘蒂女士，还有她的后代，我感念这一家人的友谊给了小姑这份温情。天上的小姑在微笑，为我们的相遇而欣慰。爷爷奶奶如果在世，也会感谢这家人替他们照顾这个从小让他们心疼的女儿。

虽然这次来岛上是一直以来的心愿，也是一趟迟到的弥补遗憾之旅，但时间上还是很匆忙，只能在有限时间里尽量体会。要和甘蒂一家说再见真不是容易的事，不过一声再见也绝不会是个结束，相信以后我们还会再见面。


离开甘蒂家之后，我们驱车来到了圣胡安教堂。相信很多三毛的读者都见过一张非常有名的照片，照片中小姑穿着白色溜冰鞋，白长袜上面还有个红边，很短的蓝色短裤显得很年轻时髦，后面还有一棵大树。这张照片就是在圣胡安教堂前拍的。当时小姑顶着丧夫之痛，接受朋友的好意尝试新的事物，她是多么努力从悲恸中走出，只是她需要点时间。

玛卡门女士用她柔美的声音解说，语气中带着对自己文化的骄傲。

"这个教堂是十六世纪的哥特式风格，并且和谐地结合了20世纪的新哥特式建筑风格，教堂前面有个塔楼，是当地人常常来做弥撒的天主教堂之一。"

小姑并不是天主教徒，却很尊重各种宗教信仰。

"小姑是在这教堂的哪个地方学的溜冰？"我急切地想要还原这张照片的现场，忍不住开口询问。

"别急，就在前面呢！"晓秋姐说话了，带着理解的温柔微笑。

"就是这里了。"在教堂靠近街边的大树前，南施姐给出了指示。

我睁大眼睛，看到一个想学溜冰的女人穿着丈夫童年玩伴马诺罗送的溜冰鞋，一次次练习，努力抓住短暂的开心，快门中留下了女孩永恒的笑容，她在那个艰难的时刻也不忍辜负朋友的善意。

◁ 三毛在圣胡安教堂前学溜冰

小姑回到台湾后，曾跟我和姐姐聊起她学溜冰的事，她说自己并不怕摔，身体的痛已经不可怕。当时年幼的我正学着骑脚踏车，很怕疼，所以并不太明白她的意思。今天我来到原址，闻着西班牙的空气，才有了领悟：溜冰的外伤是为了平复内伤，只有失去过的人才懂。

经过二十分钟车程，我们来到另一个城市拉斯帕尔马斯。在车上我小睡了一下，也缓和一下太沉重的情绪。这是南施姐住的城市，小姑当年常常来这里的银行和政府机关办事。街道上处处是小姑的影子、她当时认识的人、常去的店家，以及跟荷西一起悠闲享受的海景，一切都还在。

"你小姑人缘很好，很多人都认识她，她只要来这里都会来找我，来我们餐厅坐坐。"南施姐的脸上充满了回忆。

拉斯帕尔马斯现在是一个北欧人常来的度假城市，南施姐的"金门饭店"位于坎特拉斯海边，沙滩上处处可见专业沙雕师的作品，让我开了眼界。

"这里很少下雨吧，沙雕都不会坏。"我问了个显而易见的问题。

"是呀，所以很多北欧人过来。"晓秋抢答。

这次造访让我在一步一脚印中累积了对小姑异国生活的了解。虽然造访的未必是什么热门景点，但在我心里却别具意义。

"有一次你小姑一个人在海边的人行道上走着，有朋友叫她也没听见。此后，我们再看到她也不会主动喊她，也许她在和荷西对话吧，我们给他们一个专属的空间，不打扰。那一年是荷西走后她又回来的第一年。"

我回头看了眼那条海边的人行道，想象着小姑需要多大的勇气才能回来，一个人再走同样的路。

"我终于见到这两支小木棍啦！"

晚餐时我已经饿坏了，拿起筷子开玩笑地说。来到西班牙快一周了，我的中国胃终于可以开工了。

大加那利岛观光局的代表也抽空来参加我们的欢迎宴也是告别宴，我当面感谢了当地政府对三毛足迹的保护和对景点的规划。接着一道道地道的中国菜——上桌。南施姐的先生强哥是这餐馆的大厨，他忙进忙出地招呼我们这群饿鬼。我完全被他拿手的红烧狮子头和那条大黄鱼征服，小姑也曾在这里找寻家乡的味道吧！美食的功能不只是果腹，还有满满的幸福和情感的联结，异国他乡的中国餐厅更是任务重大。

"你小姑很喜欢海鲜，以前常常有台湾渔船过来，她会去跟他们买鱼，做海鲜给我们吃。"

强哥说起小姑当年做海鲜给餐厅大厨品尝的趣事，我们都笑了，这就是小姑的真诚和不按牌理出牌。

这几年，很多三毛的读者来探访她的足迹，旅途中也受到南施姐的很多帮助。南施姐和小姑间坚固的友谊以及这份付出，在我造访南施姐家后更是确认无误。

南施姐的公寓在离餐馆不远的地方，装饰得非常宽敞舒适。我们被带到一个小客厅里，左边是一面墙的书架，右边是沙发，正面则是一个大阳台。我们并没有立刻坐下，而是不约而同地走向书架。

"你看，这些都是你小姑当时送给我的书，当时我还未满二十。荷西走后她回来定居了几年，后来因为你爷爷奶奶年事已高，她决定搬回台湾定居，所以就把很多书都送给我了。这是她的珍藏，现在也是我的珍藏。"

南施姐仔细地一本本介绍小姑送给她的书，有鲁迅，也有张爱玲，当然还有小姑自己的书。

"这是什么？"

我拿起一颗石头问道。小姑喜欢收集石头，但这颗并不像小时候我在她家看到她收集的那些石头的风格。

"这是我画的，送给南施的挚友和南施自己。"强哥回答。

那是一颗画了沙漠和骆驼的彩色石头。强哥铁汉柔情，尊重妻子的友情与回忆，小姑能认识这些好友真是幸运。我也感染到了这些幸运。南施姐给我念了小姑回到台湾后给她写的信，字字

▷
三毛和张南施

243

道出台北生活的繁杂与对大加那利岛的想念。南施姐把泛黄的信纸收藏在一个厚厚的档案夹里，细心呵护着她和好友的青春。

"这是我收到的最后一封你小姑寄来的信，1990年6月。"她继续念道，"'现在的我住在一个老公寓里，不与人来往。前年、去年我常在印度、尼泊尔和克什米尔一带旅行。去年我开始回中国……'"

小姑虽然不喜热闹，面对信任的好友却很愿意敞开心扉分享生活点滴，常常一聊就是好几张信纸，南施姐就是这种挚友之一。

"我的中文写作不太好，收到你小姑的信后，我常常都过好久才提起笔回信。每次展信，她的笑仿佛都浮在纸上，真希望当时我能多花点时间和她笔谈。"

◁ 作者和张南施翻阅三毛的信件

南施姐陪了我们一天，明天一早还要赶飞机去马德里，可她疲累的声音里还是透出对小姑的爱和思念。这份友情并没有天人永隔，反而在一次次对记忆的翻阅中，历久弥新。

离开时，南施姐和强哥送我们下楼。

在一楼大堂，南施姐说："这里也是我和你小姑最后道别的地方。她说回去后真不知道何时会再见面，没想到那一别，却再也不见。"

我没有回答，那"最后"两字戳中我的泪腺。我转身给南施姐和强哥一个拥抱，这份情就让下一代来延续。

这个属于小姑的岛，岛上有认识她、爱她的人，也有来不及认识她却也爱她的人。每个人都用自己的方式纪念着她，她也用自己舒适的方式，为这些爱她的人留在了这片她热爱的土地。

《稻草人手记·逍遥七岛游 杏花春雨下江南》节选

　　要来拉芭玛岛之前，每一个人都对我们说，加那利群岛里最绿最美也最肥沃的岛屿就是拉芭玛……这儿水源不断，高山常青，土地肥沃，人，也跟着不同起来。

　　……

　　出发总是美丽的，尤其是在一个阳光普照的清晨上路。

三毛

## 逍遥二岛游：
## 荷西之忆——帕尔马岛（上）

对我来说，大加那利岛和帕尔马岛像是两个不同个性的女人。前几天造访的大加那利岛热情奔放，海边是规划得很好的度假设施，随时可以开一场盛大的宴会，也经常有各国首领和一些企业集团来这里开会，邮轮船只络绎不绝地往来，显出她地位的重要，真是一个活泼好动的社交型女性。相对于大加那利岛离西班牙本土比较近的位置，帕尔马距离本土则有三小时的飞机航程，她显得沉静内敛，优雅中透露点傲娇，似乎不太在意有多少人来访，只是独自存在着，自由而舒适，真是个神秘而自我的女人。

小姑曾在《逍遥七岛游》里写道："如有一日，能够选择一个终老的故乡，拉芭玛将是我考虑的一个好地方。"如果荷西没有在这里消失，他俩是会在这里定居终老的。而我一踏上这岛，不知道是因为这里是我的终点站，还是因为这个小岛的特殊意义，我总有一种画下句点的惆怅。没想到的是这几天意外地遇到很多人、很多故事，很巧或多或少都和小姑有关。

不期而遇，不用解释，也许，把我带来这里的是她。

这次在机场接我们的是帕尔马岛观光局的塞恩斯先生，他是一位留着全白络腮胡，皮肤黝黑，身材中等，被胡子挡住笑容只好眯起眼睛笑的西班牙圣诞老人。

这天凌晨四点，我们已经从酒店出发赶往大加那利岛机场，班机却延误了两小时。虽然一直和他保持联系，可还是让他久等了，他却依然精神奕奕，没有半点倦容和不高兴。他一见到我们就立刻给了我们一个大大的拥抱，贴面礼时感到他的胡子着实很扎脸。接着，他拉我们到旁边的观光海报前合影，还送上满满的纪念品礼物袋。我们就以轻松的相遇开启了这趟小姑口中的"芭蕉岛"之旅。

我们去帕尔马岛时正值3月底，下飞机时也刚刚雨后放晴。也许是碰巧也许未必，那天正好是小姑3月26日生日的前一天。

"Jessica，你知道吗？我们这里下了好几天雨了，就在你飞

作者和帕尔马岛观光局的塞恩斯先生

机降落时刚刚出现阳光。这是你小姑对你的欢迎仪式吧!"

塞恩斯先生开心地说着。他因为策划"三毛之路"和小姑成为没见过面的好友,逢人就说三毛的好,一副相交多年老友的样子。

道路上还是湿漉漉的,天空却洒下一道道的阳光。

"早该来了,来晚了,这几天要麻烦你啦!"

我回答,心中迫不及待想认识这个和大加那利岛截然不同的"神秘女人",帕尔马岛。

一辆白色小轿车装满了我们的行李和期待,准备开往第一站——荷西姑丈的墓园。这是"三毛之路"的灵感来源和起点,也是三毛与荷西故事的终点。


墓园位于一个地势比较高的小坡上,风景很好,可以远眺海洋,却很宁静,没有墓园的肃穆,反倒多了沉静的温柔。车子停在墓园正门口,雨又下起来了,还有点大,塞恩斯先生贴心地帮我们准备了伞。

"来来来,我们先来跟圣提先生打声招呼,他正在等你呢!"

塞恩斯先生帮我打着伞,我们一起来到大门口右边的管理员亭。

"Hola,Jessica!"

一位穿着蓝色连身工作服的高大西班牙男子从房屋后面走出来,一个跨步就站在我面前。他的制服上还有一些白油漆,胶底鞋也有点磨损,可见他平常忙着处理墓园里的很多事情。

"Hola,你好,很高兴认识你,我终于来了。"我握着他的

作者和荷西的墓园的管理员圣提先生

手笑着说。

他有着一双粗壮厚实的手。此前在三毛读者的微信群里听说有些人来整修好的荷西的墓园，因为不确定正确位置，都靠这位管理员圣提先生一一说明指引。

"这位先生就是'三毛之路'的发起者之一。事情是这样开始的，几年前他发现有很多中国人自己通过各种渠道，查了很多零碎的资料，辛苦地找到这里，询问他荷西墓地的位置。"

塞恩斯先生当起了翻译。这位圣提先生并不会说英语，想想当时很多同胞和他沟通也是很不容易，比手画脚加上翻译器都阻挡不了他们的决心，这片土地上的每个人对三毛都是用尽了心力。

我们进了管理员亭，里面空间很小，也很凌乱。一张小书桌就放在进门的右边，桌上很多西班牙文的文件，一张张纸没章法地躺在桌上。桌面有一块玻璃，下方压着几张名片和小纸片，随意散乱。墙上也很斑驳，应该是很多年留下的痕迹了。左边是一些杂物，还有一个小通道连到后面的储藏室，刚刚圣提先生就是从那儿走出来和我打招呼的。

"请坐，我给你看样东西，这几年就等你们陈家人来，要给你们亲自看看。"

圣提先生让我坐在唯一的一把椅子上，他和塞恩斯先生站在我身边，这让我有些不好意思。

"你看，这是来这里的人给荷西和你小姑的留言。他们和我聊了很多，虽然我也听不懂他们说什么，但我看得出来他们很想念这个叫荷西的西班牙人还有他的妻子三毛。"

圣提先生打开一本很普通的厚厚的长方形笔记本，里面一张张纸都很皱。我随意翻开一张。

"三毛，我们替你来看荷西了，这一路上问了很多人，很喜欢你们的那片海。"

"荷西，三毛，我从三年前看你们的故事，你们让我再次相信爱情。我希望明年能申请到西班牙的交换生，这样我可以常常来看你们。"

"原来荷西在这里，三毛应该也在吧！想你们。"

还有一些西班牙文的留言，说是荷西和小姑的故友留的，写下了对他们的思念和不舍。我看得入迷，很想一一阅读，仔细体会文字中的情感，当然如果能做什么更好。

塞恩斯先生催我们进去看荷西之墓，那里也是观光局细心规划的一站。我和圣提先生合影后道别。

"谢谢你的细心，谢谢你看到那么多华人来找一位西班牙人的墓地，而开始对三毛这位东方女子好奇。在你和塞恩斯先生的大力促成下，才有了今天的'三毛之路'。这一切都是一点一滴慢慢累积的成果，我们陈家人真心感谢。"

我又抓起他粗糙的大手说道。他有些憨厚地傻笑。雨停了，施舍我们一丝阳光，与此同时，我走进了荷西的墓园。

因为住在温哥华，我也去过一些西方人的墓地。西方墓地的特色是颜色很丰富，有的甚至还有孩童专区，放了很多玩具和游乐设施,一点也不在意制造欢乐的气氛会对逝者不敬。荷西的墓园的设计也是,一进大门并没有让人害怕的感觉,反倒像来到一个花园,走道两边的石墓上放着五颜六色的花,石子路上非常干净,刚刚被雨洗过也不滑。我们在一个长方形的水槽边停下。水槽位于一排排石碑间,任谁都看得出它的存在有着特殊意义。

塞恩斯先生说:"这个水槽特别设计在阳光照得到的地方,阳光照在水面上,刚好可以折射到旁边荷西的墓碑上,给了他阳光和温暖。"

我难掩心里对这个巧思的欣赏说道:"真是太有心了,这样荷西姑丈就不怕下雨和寒冷了。"

思绪还没从刚刚那个精致的设计中出来,我一转身过了个拐角,已经来到荷西姑丈的面前。小姑的挚爱,从小听到大的这位男孩,我们终于见面了。

那是一个在转角的墓碑,比旁边的大很多,也高很多,采光不错,有着荷西乐天大男孩的风格。白色的石墙围绕着石碑,上半部分是一个小花坛,内凹的三角形设计非常别致,墓上堆满了鲜花,在白色底色的衬托下也很鲜明。下半部分则分为两边,左边是一个玻璃柜子,里面放满了写上字的石头、粉红色花瓣和一张荷西与三毛的黑白合照,照片下方写着:JOSÉ MARÍA QUERO RUÍZ 9 OCTUBRE 1951—30 SEPTIEMBRE 1979[1]。玻璃柜旁边还有一束鲜花,刚刚圣提先生提到这是早上才有人来献上的,上面还有未干的雨水或者是泪水。玻璃柜右边是另一块

---

[1] 西班牙文,意为荷西·马利安·葛罗 1951年10月9日—1979年9月30日。

淡米黄色的石碑，上面刻着深灰色的字：José María Quero Ruíz（1951—1979）。下面还有一个螺状的贝壳雕刻。

我好奇地问："这个贝壳有什么寓意吗？"

塞恩斯先生说："是的，我们的祖先在危急时用这种贝壳呼喊人来帮忙。我们在这里放这个贝壳，象征着荷西从海底呼唤三毛，表达爱意。"

设计师把当地文化与这段爱情故事用惆怅一针一线地缝合，让他们又一次完美地结合在了一起。可能因为身处欧洲，这里的氛围让我不禁想到希腊神话中众神在海岸边吹着海螺唱歌的画面，神秘而优雅。

"这些都是来看荷西的人手写的石头。你小姑喜欢收集石头，所以我们做了这个设计，让喜欢他们的人可以把想说的话写下来，告诉他们。你也来写颗石头吧！"

塞恩斯先生说着不知从哪儿拿起一颗石头交给我，还递上一支签字笔，好像早就准备好的。一时间我真不知道怎么说出心中的千言万语以及还来不及消化的心绪。

"小姑＆荷西姑丈，愿你们永远与我们同在。Love！天慈，2019年3月25日。"

我写下了一句话，一颗小小石头不足以表达，相信小姑他们会了解的。塞恩斯先生开了锁，让我弯下腰打开玻璃柜，亲手把那颗石头放进去，算是给这位素未谋面的姑丈一份见面礼，同时也在小姑的生日前夕给她一个纪念。

回到车上，天空出现一小道彩虹，好像一对爱人满足的微笑，伴着我们前往市区。希望常常默默地出现，当你不再纠结眼

前的难处，愿意抬头仰望天空，才会发现那稍纵即逝的存在。

市区街道很小，不是单行道但只够过一辆车，交位时只能互相礼让，各凭本事。每条街几乎都是石子路，车子不好走，典型的欧洲小镇风格。

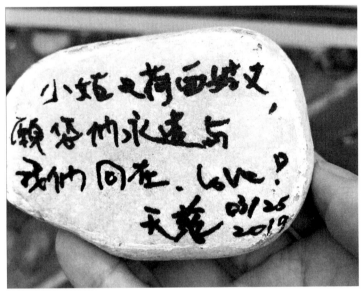

"下来走走吧!"塞恩斯先生提出建议。

我们下了车,穿起外套,用脚体会小姑逍遥七岛游时接地气的乐趣。

"Hola!"

脚刚落地,一声亲切的问候打破四周安静的空气。一位穿着浅褐色小牛皮外套和牛仔裤,戴着黑框眼镜的年轻男子从一间屋子里出来,大老远叫着塞恩斯先生。他们用西班牙语交谈了几句,我在旁边正好看看这里的木质建筑。敞开的大门可以清楚看到屋内是一大块宽敞的空间,靠墙有很多小书架,这不像是一般住家,应该是这个社区的活动中心之类的地方。后来也在塞恩斯先生那里得到证实,这是一个平常供当地居民聚会聊天的场所。

"太巧了,这位是小胜,你知道吗?他就是初期帮助我们收集三毛资料的人。他不断和荷西家人联系,花了很多时间请人翻译,完整地把三毛的生平整理出来,给我们'三毛之路'规划小组的人员参照。"

塞恩斯先生开心地和我介绍这位偶遇的幕后第二功臣。我一边惊喜于这次的相遇,一边跟这位小胜先生握手。

"你好,非常感谢,真的是太感激了。"

我从心底尊敬他。一位远在西班牙小岛的年轻人,为了一位陌生的华人女子的故事,花了快一年的时间做资料收集,然后慢慢爱上这个传奇女子。他的用心把三毛和荷西再次带回这个他们曾经想定居的地方。

"很多资料是中文的,我们看不懂,找了岛上孔子学院的人帮忙,一字一句慢慢了解、串联。我很喜欢你小姑,她是个勇敢

的女子，我们帕尔马很荣幸能推广她的事迹和有趣故事，这是一段应该被保存下来的文化足迹。"

他说话时嘴巴张得很大，句句带着大大的微笑，露出整排牙齿，是一般人很难拥有的天生乐观，喜欢三毛的人都很有才。

然而，万万没想到他并不是我遇见的唯一帮助过小姑的人，一路上更多的不期而遇还在等着我。

我们继续往前走。塞恩斯先生走在前面，他走路很快，加上我们一大早起床赶飞机，而且昨晚回到酒店也已是半夜，所以有些跟不上他的脚步，但心里却感受到他的雀跃。他小跑步着上了一段楼梯，那是一座像中国鼓楼般的欧式楼房，很多城市都有一座这样的建筑。我们跟着他上楼，心里带着疑问却也没多问，旅程中本该充满惊喜和未知。

"这里是看全城风景最好的地方。"塞恩斯先生说。

◁

喂
鸽
子
的
荷
西

　　"这风景不错呀，就是风有点大。"我回答，头发已被吹乱。

　　楼顶是一块白色石砖地的宽敞空地，其实这座建筑并不算
高，可能因为这里本身地势就高的缘故，我们可以看到远处的
教堂。

　　"那个教堂的门口就是荷西喂鸽子的地方，记得那张照片
吗？"塞恩斯先生指向前方一个不算大的教堂说道。

　　我其实也为有这帅气善良的姑丈感到骄傲。

　　"当然记得呀，荷西姑丈穿着黄色毛衣和白色裤子，开心地
喂着鸽子，非常帅气。就是那个教堂呀？！"

　　从上方看下去的教堂，虽小却很热闹。一群刚下课的西班牙
孩子有着嫩红色的皮肤，身上还穿着白衬衫加绿色裙子或短裤的
制服，他们把书包扔在台阶上，在教堂前的庭院里嬉闹起来，有
的玩球，有的踢毽子，跑来跑去，给这个宁静的小镇添了几分甜
蜜，可是没看到荷西照片中的那群鸽子。

我还在享受风吹拂过脸的清醒，突然塞恩斯先生又被一个男人叫住了，这镇上认识他的人还真多。

　　"午安，天气很好呀，昨天的雨都被风吹走了。"那人说道。

　　西方人打招呼就是喜欢谈天气，不像我们华人总爱关心别人吃饭没。眼前是一个极有品位的男人，蓄着金色的胡子，戴着灰绿色的鸭舌帽，也穿了一件浅褐色的外套加牛仔裤，里面搭了一件灰色的带帽运动衫，休闲而合身的打扮很有艺术家的范儿。

　　"你好，马丁。太巧了，应该说又太巧了。你知道这是谁吗？她是三毛的侄女，从加拿大来的，特地来看我们的'三毛之路'。"塞恩斯先生加快语速，难掩兴奋。

　　"真的？"那位马丁先生瞪大眼看着我，"你好，我是'三毛之路'的摄影师，负责拍照片和视频。"

　　"哇！那些塞恩斯先生发来的美丽的照片和视频就是你拍的呀？太美了，完全拍出一种三毛的洒脱风格，结合帕尔马岛的山和水更是别有格调。非常感谢你的付出，真有天分。"

　　我连忙和他握手，亲了左右脸颊。这位摄影师身上还有淡淡的古龙水味道，很像小姑喜欢的Tea Rose香水。每一位小姑的恩人事无大小、各司其职地帮助完成这个项目，每个人都是带着欣赏之情和带着愉悦的心，心甘情愿地在贡献所长，然后命运安排他们今天一一出现在我面前，好让小姑借着我的口亲自道谢。

　　在前往小镇观光街道的途中，我从背包里拿出了饼干和面包。不再年轻，要避免血糖低，只好不顾吃相，很快地吃完抹干净嘴角，以免被人笑话。偷吃完，我立刻跟上队伍，一个人走得很快的塞恩斯先生穿过一些修路的路障，并没有发现我在后面已经填饱了肚子。

"Jessica，来这里，我给你介绍一个朋友。"

他大喊着，我真为他的好体力感到骄傲，而且还是在没有吃饭的情况下。

"来了，大哥，我来了。"

经过半天相处，我已经开始喊他大哥。

"这是我们法院的警卫人员佛莱多。你知道谷歌地图吧？他帮助我们把'三毛之路'放在了谷歌地图上，这样很多旅客就能根据地图找到我们，是不是很棒呀？"

塞恩斯介绍着他的朋友，并把手搭在他肩上，应该是感情很好的兄弟俩。

佛莱多又是一个高大的西班牙人，他穿着浅蓝色的法院警卫制服，头发不是很多，胡子刮得很干净，站在他旁边很有安全感。

"你好，佛莱多。真是感谢你，小姑要是知道她上了导航地图一定好高兴。她最喜欢尝试新事物，你给了她在地图上露脸的机会。"

我发现自己来到这地方说得最多的就是感谢再感谢。佛莱多所做的一切让这个文旅项目推进了很重要的一步，没有他，人们很难找到当地政府细心规划的"三毛之路"。佛莱多不只守护了当地法院，也守护了"三毛之路"。

我们继续走在观光一条街上，两边很多高矮差不多的白

▷ 作者和「三毛之路」的摄影师马丁

▷ 作者和法院警卫佛莱多（中）纪录片导演王杨（右）

262

色、红色和土黄色建筑，大部分都是一楼卖纪念品或糕饼，二楼是住家，常常也有人从窗户里探出头往下看，和楼下路过的人吼着聊天嬉笑。处处透露出一种自然的平凡，不求繁华多变，只求简单的快乐。你说不出这里有什么举世无双的特色，却在一步一脚印中吸引你的灵魂，难怪小姑和荷西姑丈当时选定在这里定居，它的宁静给了小姑每天早晨起来的陪伴和夜晚入睡前的安稳怀抱。

想起曾听小姑说过一个比台北安静一万倍的西班牙小镇，靠近海边，那里的人很朴实，很多人都认识她这位亚裔女子，现在想想应该说的就是这里了。走在街上随时都能碰到朋友，街头巷尾都有可能听到有人喊你的名字。

小姑从这里带了一件在海边穿的衣服回台北的家。那是一件米白色无袖洋装，很轻很舒服的材质，有着红黄相间的花色，没有束腰，裙摆自然垂下。有一次我在小姑的衣柜里玩耍，看到过这件看起来像是度假时穿的衣服。我特别喜欢偷偷闻一闻衣服上阳光和海洋的气味，幻想和小姑一起来到这个海边，任性地把自己晒得红红的。小姑每次看到这一幕，总要大笑，笑我天真地分享她的回忆，却从没经过她同意。有一次我们去小姑在台北近郊翡翠湾的海边小别墅玩，我刻意提醒小姑要带上她的这件度假战衣，她还是没有带。现在站在这片土地上的我才恍然大悟，也许她舍不得让另一片海掩盖了帕尔马岛海边的气味和回忆。

"Jessica，现在我们去你小姑的家，也就是你今晚要住的地方，给你留了你小姑住过的房间。"

塞恩斯先生忍不住剧透这次的贴心策划，还冲我眨了一下眼睛，难掩胡子下的笑意。我虽然惊喜这个安排，但一上车还是没忍住疲倦，立刻就睡着了，都怪这里的悠闲气氛太适合幸福地慢生活。小姑选的家，让我沉醉其中。

《温柔的夜·书信（加纳利·台湾）》节选

一九七六年十月二十日

爹爹，姆妈：

　　首先报告你们好消息，荷西有工作了，今日送他去机场，已去上工，如果一切没有变化，那么今日开始上工，在另外一个岛上，做海底电缆的装配，有五万四千一个月，就是九百美金一个月。这个岛很荒凉，在我们Las Palmas岛的上方，他去的地方更荒凉，所以我留下来，他独自去……

　　　　　　　　　　　　　　　　　　　　　　　　妹妹上

## 逍遥二岛游：
## 荷西之忆——帕尔马岛（下）

1979年6月，小姑和荷西决定搬到帕尔马岛是因为当时荷西在这里找到一份工作，负责在海里清理和维修一个海底工程，至于具体是什么工程就没有人清楚了。他们来到这个美丽又神秘的小岛后，立刻爱上了这里，深深被这片海和热情的人们吸引。

我在睡梦中抵达了小姑和荷西搬迁至帕尔马岛时落脚的小公寓——罗卡马尔公寓。这是一个位于海边的老公寓，并不特殊的水泥色建筑，也不是什么高楼大厦，就静静地站在海边。大老远就能看到这间公寓侧面的壁画，画里是一个美丽的望海女人，还大大地写着公寓名称。屋主应该很爱这片海，这公寓就像岸上的灯塔，守护不停想上岸的浪花，也看着迟归的海员。

公寓门前的道路并不宽，车流量也不大，大部分都是行人闲散地漫步于公寓和海岸之间。我在公寓大门口下了车，人还有些迷蒙，分不清是梦里小姑的家，还是她在异乡真实的栖息地。

"就是这里，这里是你小姑当时和荷西一起租的公寓，他们在这里住了三个月，直到荷西离世。"

▷ 罗卡马尔公寓前的海景

塞恩斯先生沉稳的声音透露出他提到荷西离世时的谨慎。虽然我并不多心，但也感谢他的细心。

我们走进了公寓一楼的楼梯间，空间不大，灯光也不是很亮，里面异常的安静，没有一般酒店大堂的喧闹。我们走了几段阶梯来到二楼，楼梯口是一张小小的木头书桌，桌上放了很多英文和西班牙文的旅游书，介绍当地的旅游资讯，还有久违了的纸质地图。右边是个小小的电梯，靠电梯口的房间门是开着的，我瞥见里面有一家的西班牙人，他们也朝门口望向我们这些黄皮肤的访客。

我们跟着塞恩斯先生往左边走进去，经过长廊，来到一个有着橘色玻璃墙的房间，应该是所谓的前台，负责登记入住的地方。塞恩斯先生一手把滑动式的门往左边拉开，并用西班牙语对着坐在前台的那位大约十八九岁的男孩大声说了几句。我听到

公寓前台的摆设

"三毛"两个字，那男孩露出微笑朝我这儿看了一眼，又有些不好意思被我发现他的目光。

我又朝房里看去，这是一个暖色系的房间，墙是橘色的，设计很有拉丁风格的。男孩的桌子在一进门的左边，右边有一个复古的电报机，上面放了两本书，一本黄色，一本紫色，分别用西班牙文写着*Diarios Del Sahara*和*Diarios Del Las Canarias*。两张三毛的相片对着门口，下面的键盘上放着两本"三毛之路"的官方文宣品，封面上也有三毛和荷西朝着天仰望的画像。四本书整齐地陈列着，应该是欢迎华人同胞的善意。这两本小姑的书被翻译成她第二家乡的语言——西班牙语和加那利群岛的方言，第一本讲述撒哈拉的故事，第二本讲述加那利岛的生活，两本书都颇受当地读者喜欢。这里的整体摆设让我想到2000年初和几个同学到加拿大东部旅游，住在背包客常住的青年旅社，也是这种简朴又轻松的调调。

"你好！"我主动和男孩打招呼，以化解我假装不知道他偷看我的尴尬。

"你好你好，刚刚听说了你是三毛的家人，很高兴见到你。"他腼腆地回答。

"是的，我父亲是她的大弟弟。"

我了解他的疑虑，很多人都问过我和三毛的关系，现在我通常会主动说明。我们握了手，他也顺势给了我钥匙，上头写着"306"，我的幸运数字恰好是3和6。

"这是你小姑的房间。就是这间房，他们住了三个月。"塞恩斯先生满意地笑看着我。

那是一间在三楼最里面，面朝大海的三卧室房，空间非常宽敞，家具很简约。一进门是客厅和一大面敞开的落地窗，红色的薄窗帘迎风飞扬，外面有个小阳台，放了一张户外椅。海浪"呼呼"地使劲拍打沙滩，非常大声，好像生怕我们忽略它的存在，海无处不在，小姑也是。当年她是不是也坐在这阳台上看书、看海，每天等待丈夫回家？是不是整个房间里只有有恃无恐的海浪声、她小心翼翼翻书的声音和她焦急的心跳声？

进门右边是一间不算大的厨房，里面厨具齐全。左边是走道，往里有三个卧室，主卧在第二间。

"这是小姑和荷西住的房间吗？"我问塞恩斯先生。

"是的，但是床和家具更换过。"他回答。

房间里放着一张不算大的双人床，墙边有个木衣柜，对着门的是一面开着的窗，还是以海做背景。而我今晚将在这个房间里

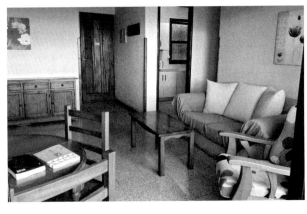

◁ 三毛和荷西租住过的公寓房间

和小姑梦中相会，聊聊她的帕尔马岛。

夜晚来临之前，我们还有几个地方要去。放下行李，我们再次启程，和小姑的私聊约定只好再等等，但是肚子真不能等了。


下午两点，我们终于来到了一家"三毛之路"上的景点餐厅——盒子酒吧。这是一家在海边的餐厅，面积不大，很明亮。我还没有踏进门，就听到齐豫姐姐熟悉而清亮的声音："不要问我从哪里来，我的故乡在远方，为什么流浪，流浪远方，流——浪。"我本以为是谁的手机中放的音乐，一探头才知道是老板特地为我们的到来而放的歌曲。

老板是一位清瘦的帅哥，名叫莫哈门。他似乎早就和塞恩斯先生安排好一切，在我半只脚踏进门前一秒不差地播放了音乐。站在吧台后的他豪迈地微笑着和我们打了招呼，好似终于等到久违的故友。他让我们坐在门口的位置，我一眼看到墙上有打印出来的小姑的照片。墙上的电视播放着《橄榄树》的音乐录影带，还附上了歌词，我们忍不住轻轻地跟着唱起来。

"这是你小姑以前常来的餐厅，她会在这里用餐，和餐厅老板聊天。"塞恩斯先生说道。

"这位老板很年轻呀。"我看这位年轻人怎么算都不会是当时的老板。

"当时的老板是莫哈门的岳父。"塞恩斯先生看出我的疑惑，立即解答了我的疑问。

"来，尝尝。"莫哈门递上了一盘鱿鱼说道，"这道菜叫作'三毛鱿鱼'，你小姑喜欢吃的鱿鱼。"

△ 作者和盒子酒吧老板莫哈门
◁ 盒子酒吧一隅

他的五官深邃，留着一点深色的胡子，配上深褐色的头发，显得非常有男人味。盘子里是四片像葱油饼的东西，盘子边上用蛋黄酱写着"San Mao"，还画了一个爱心。我虽然很饿，但还是很不舍得吃它。小姑爱的鱿鱼，她常来的角落，这里有她要的舒适和自在，还有她期盼回家的男人。

"你好，塞恩斯！"

一位打着领结，穿着正经的男子带着微笑出现在餐厅。他头发全白，鼻梁上戴着跟他的脸比起来显得很小的眼镜，深灰色的毛背心里是红条纹的衬衫，下面配上黑色牛仔裤。

"你是三毛的侄女？你好，我是法兰克斯。我小时候认识三毛。"

他马上走过来和我握手，开口第一句就认证和小姑的友情。我赶紧站起来。

△　作者和法兰克斯

"你好，你是小时候见过我小姑吗？在这个餐厅？"我也迫不及待地问起他们相遇的经过。

"不是的，在对面城堡的门前，一棵树下。"他指着对街的一个小城堡和一扇拱门继续说道，"每天下午她都坐在城堡右侧的那棵树下看书，不太和人说话，就是等荷西下班。我父亲当时负责管理那个城堡，所以我小时候常在那里玩，总是看到一位东方女子坐在那儿，慢慢地从好奇到习惯。你小姑不喜欢被打扰，我们也只是点头问候。"

他说话时英语夹杂着一点西班牙语，还总是手舞足蹈，偶尔缩一下脖子、抿一下嘴，我喜欢他的喜感和可爱的表情。我请他带我去看看对面那棵树，接着为了离小姑更近，我们决定把桌椅餐具还有那盘"三毛鱿鱼"七手八脚地搬过马路，放在那棵树下，硬是在树下野餐起来。小姑的树，那棵树天天在她背后守护她的喜怒哀乐，做她的依靠。

直到荷西走后，小姑再回来望向这片海说道："这片海没有你了。"而这棵大树仍然像父亲一样承受着女儿的悲哀，默默吸收她的喜怒哀乐，也见证着静静在旁观察的镇民，很多偷偷留下的记忆，以及跟随她足迹而来的我们。


用完午餐，我们来到一个叫作圣克鲁斯岛博物馆的地方。这是一个介绍岛上鸟类历史的博物馆，当时正在进行帕尔马岛525周年的特殊展览。

"这个博物馆里有一个三毛的展示厅，表达了我们对你小姑的想念和赞许她对文化交流的贡献。"我们称职的观光局导游塞恩斯先生不等我问起便主动说明。

这是一个布局很像中国四合院的建筑，四周有白色的矮建筑，中间就是空荡荡的广场，整体设计很直截了当，却别有气势。

我在一个转角看到了熟悉的面孔，一张从天花板到地板大小的小姑海报。她发亮的黑色长发直直垂下，眼神坚定而温柔，并没有大大的笑容，非常淡定沉稳，仿佛静静地等着所有来看她的人。

"我的小姑太了不起了，在这个异国他乡，政府为她建了展示厅。"我很是骄傲地说。

好不容易，从小姑的眼神中移开，我才看到整个展示厅是很东方的红色系，三面的墙都是红色的却不突兀，也不太显艳丽。左边的墙上是三张小姑的生平简介，深色字体的西班牙文和中文印在泛黄的纸上，有种肃穆的文艺气息。

第一张是小姑的照片，还是我们在大加那利岛上的三毛公园里看到过的小姑头发飘逸的那一张，下方写着：西班牙的中国作家。中间那张是荷西在我们下午看到的教堂前喂鸽子的照片，下方写着：三毛和荷西在帕尔马岛。另一张是帕尔马岛的照片和简介，写的是：三毛及荷西在书中的帕尔马岛。三幅简介完整介绍了三毛、荷西与帕尔马岛的缘分。

右边靠墙有一个玻璃柜，玻璃上印着小姑的文字，中文、英文，当然还有西班牙文，讲述了小姑和荷西来到帕尔马岛的感受，下面是小姑喜欢收集的石头，一一挨着躺在玻璃柜里。

"我感到小姑在看着我们呢！好像有什么话想说。"当我和小姑四目相交，我忍不住说出心里的想法。

"她可能是在说你终于来了，她想你们家人了。"大胡子的塞恩斯先生其实有着柔软的心，总是能说出我的遗憾。

我有些不敢直视小姑的眼睛，那双充满历练和故事的深邃眼睛。我的童年从她的眼里读世界，现在我身体力行她的心愿，千山万水来到这里，好好看看这个她爱的岛。

"你好，我叫曼纽尔，帕尔马岛等你很久了，我们终于见面了。"

一位西班牙男人朝我走来。他穿着蓝色的长袖带帽衫，配上深灰色裤子，头发不是太多，是一位很亲切的人。

"你好，您是这展览的策划人吗？"我迎上去询问。

"我有参与一部分，事实上上个月塞恩斯先生寄给你的一本关于你小姑的书，就是我写的。目前只有西班牙文，很快我们会找人翻译成中文，到时候再给你寄过去。"曼纽尔带着浅浅的笑意说起。

"是那本书呀！我收到了，虽然看不懂西班牙文，但我也翻了一下，看起来不错，书上有很多珍贵的照片。谢谢你认真地写作，我完全了解你为此花了很多时间。"

作者和曼纽尔先生

　　我真心佩服，曼纽尔先生则腼腆地笑了，真是一个有点害羞且不善言辞的文字创作者。我们又聊了这项目的推广方案，然后拥抱着互相道谢。他已经是我今天遇到的第六位参与"三毛之路"的西班牙友人，还有那些没遇到的朋友，我都要一一认识，再好好致谢。

　　接下来的一站，我知道会是一个终点中的终点，对这次旅程和荷西的人生来说都是最终站了——荷西之忆，也就是荷西消失的海。


　　小姑在《逍遥七岛游》里说过这里是"芭蕉之岛"，当时透过文字我的想象是到处有小贩在街上卖芭蕉，或者是芭蕉特别便宜，还是有特殊的芭蕉制成品。没想到却是我在去终点的路上处处可见芭蕉的原型在路边向我招手。我们打开车窗，闻闻这一整片的芭蕉园，味道并不浓，只闻到淡雅的惬意。这几年我的每次旅行都被出差的成分打扰，甚少有单纯的度假性质。这股度假的气味我只能暂时收藏，希望以后来这个美丽的岛待上一整个月，

△ "三毛与荷西的文学观景台"路标

△ 石凳上仿照荷西失事时穿着的蛙鞋制成的铁蛙鞋

△ "荷西之忆"里的雕塑
◁ 雕塑下的青砖上刻着三毛的诗歌

穿着短裤、拖鞋在街上随意乱晃,像小姑一样在树下看书、写作,在石头上作画。

西班牙最近几年成为华人到欧洲最喜欢的目的地前三名。很多华人对西班牙的了解是因为三毛,很多西班牙人认识中国文化也是因为三毛。这层关系温柔地把两国人民连接在一起,彼此愿意认识，再互相了解，甚至有位西班牙友人很得意地给我看手上"三毛"中文字样的文身。

"看，那里有个中文牌子，写着'三毛'。"我大叫。

"哈哈，你看到了吧！"塞恩斯先生得意地点点头。

那是一个立在路边，很醒目的巨大蓝色路标，上面有一个老式相机的图案，写着两行西班牙文，下方是熟悉的中文：三毛与荷西的文学观景台。这个地标标示了荷西消失的那片海，也就是在"三毛之路"项目里被称为"荷西之忆"的海边纪念公园。

我兴奋地要求："停车好吗？我要在这里拍张照片呀！"

不懂英语的司机大哥不知怎么居然听懂了我说的话，立刻把车停在路边。

我很快打开车门往前跑，抓着塞恩斯先生说："快，帮我拍一张，西班牙的中文路标。"

他为我的孩子气感到好笑，帮我多拍了几张。我就像其他华人观光客一样在这里打卡，也给小姑的地标落个脚印。

一转弯，经过一个灯塔，我们就来到了终点。车停在一个较高的广场，往下走就是那片我这辈子看过的浪最高的海岸——心里的巨浪让我很是忐忑。

"荷西之忆"在靠近停车场右边的位置，那里有当地设计师胡安·阿尔贝托·费尔南德斯以三毛和荷西的爱情故事为灵感设计的艺术雕像。中间是三根下粗上细的半弯曲铁柱，它们在空中交会，象征三毛。地上有八只石头鸟，代表小姑喜欢收集石头的爱好，也是小姑喜欢自由的心，同时象征一群孩子陪伴着孤单的她。

三根铁柱的对面是一把石椅，椅子右侧有一个铁做的蛙鞋和蛙镜。

"这是我们依照当时荷西出事时穿的蛙鞋和蛙镜的大小，以实物拓出的模子制作出来的，你可以看到上面的磨损痕迹都是仿真的。"塞恩斯先生说。

我没出声，一个人在椅子上坐下，抚摸这蛙鞋。想起前几天在马德里见的荷西家人，还有当时被取下这蛙鞋和蛙镜的荷西姑丈，以及早已泣不成声的小姑。

"对面的海就是荷西出事的地方是吗？"坐了几分钟，我轻声问塞恩斯先生。

"是的，就是那个方向。三根铁柱的三毛，望着荷西的海。"塞恩斯先生避开我的眼神回答。

1979年中秋节，爷爷奶奶到访并和小姑一起去英国时，留在岛上的荷西却独自去了另一个世界。小姑在《梦里花落知多少》写下了泪流成血的告别："埋下去的，是你，也是我。走了的，是我们。"

西班牙政府建的纪念公园让他们在这里重逢，从此幸福地在一起。此时此刻我说不出话，只想静静地看着海浪以胜利者般的姿势狠狠地拍打着岸边。我不禁想问这海浪，是否为那次的任性感到后悔？

我带着淡淡的忧伤回到小姑和荷西居住过的公寓。刚到前台，一个成熟男子的声音突然出现。

"你好，Jessica。我是荷西。"

我惊讶地转头，一位中年男子穿着黑色皮外套、粉红衬衫和牛仔裤，站在我面前微笑。

"他是这间公寓的老板，你小姑在这儿住时很喜欢年幼的他，常常给他糖吃，还一起闲聊。"塞恩斯先生连忙介绍我们认识。

"你也叫荷西。你好，你好。"

刚从"荷西之忆"回来的我一时不能相信。我们握着彼此的手，我为他替我们留出小姑当年住过的房间，以及年幼的他给小姑的温情向他道谢。能和他见面我万分欣喜，这又是一次小姑安排的遇见。

那年的那天小姑一个人在家，荷西姑丈还是在忙着海里的工作。这位当年的小荷西，现在的公寓负责人，和一群孩子在公寓大堂里嬉闹。正准备去邮局的小姑一下楼就被这群孩子团团围住。

"你昨天给他糖吃，我们也要，也要糖。"

几个孩子不肯放过小姑，小姑也沉浸在被孩子包围的快乐中。

"好好好，我这就去买。"

◁ 作者和小荷西

小姑好不容易脱身，在外晃荡一下午后，傍晚才回到公寓。

"你的小伙伴呢？不是要我给糖吗？不记得了？我可没忘呀！"小姑对小荷西说道，伸手到背包里拿下午特地去买的糖果。

"他们回家了，这里是我家。"小荷西回答。

"你去哪里玩啦？那么晚回来？"他问起小姑，像大荷西一样的口吻。

"我去邮局给家人寄信。你看，他们给我寄的信。"小姑得意地和小荷西分享收到家书的喜悦。

"好漂亮的邮票，可以给我吗？"

小荷西用天真的眼神看着这位东方女子，谁会忍心拒绝他的请求？这个西班牙小男孩，长大后是不是也会是个爱海的阳光男孩？有一天你会碰到你的三毛，她会陪你看海，你们会有自己的家庭，可能也会去撒哈拉沙漠。小荷西拿了邮票，开心地跑上楼，头也不回，完全不知道这个女人深爱着一个也叫荷西的男人。小姑回到房里，继续等着大荷西回家吃晚饭。

那晚，海浪还是毫不客气地大呼小叫，我却睡得很好，好像被小姑环抱着、祝福着。我没有神奇地梦见小姑，却在阳光中自然苏醒，那是如同荷西姑丈般温暖的阳光。我想小姑和荷西姑丈并不希望我们担心远方的他们，他们希望我们借着"三毛之路"，延续他们给西班牙的爱和对中西文化的尊重，天涯海角的这份亲情已化成心底的使命感和安全感。想念是对他们的情，实践是脚下的路，他们和我一路同行。

吃完早餐，塞恩斯先生来送我们去机场，路上他又给了我一个惊喜。车停在了一个邮局门口。

"当时你爷爷奶奶陪你小姑回来处理荷西后事时，因为不想麻烦已经悲痛欲绝的女儿，两位老人家自己摸索着从公寓走到了这个邮局。这里也是你小姑平常寄信的地方。"

他的话没有过多形容词，我心里却有很多不舍。帕尔马岛是这次旅程的终点，也是故事的开端。多少人因为三毛与荷西而来，他们的故事，他们的人生，像芭蕉叶一样摇曳起舞，像海浪一样勇往直前，最终都将是这个小岛的另一篇章。

《撒哈拉的故事·死果》节选

　　它是一个小布包，一个心形的果核，还有一块铜片，这三样东西串在一起做成的。

　　这种铜片我早就想要一个，后来没看见镇上有卖，小布包和果核倒是没看过。想想这串东西那么脏，不值一块钱，说不定是别人丢掉了不要的，我沉吟了一下，就干脆将它拾了回家来。

　　……

　　我跑到厨房用剪刀剪断了麻绳，那个小布包嗅上去有股怪味，我不爱，就丢到垃圾桶里去，果核也有怪味，也给丢了。只有那片像小豆腐干似的锈红色铜片非常光滑，四周还镶了美丽的白铁皮，跟别人挂的不一样，我看了很喜欢，就用去污粉将它洗洗干净，找了一条粗的丝带子，挂在颈子上刚好一圈，看上去很有现代感。

三毛

## 撒哈拉的故事 2024（上）——死果的真相

一直以来，当别人知道我和三毛的关系后常常会把我当作解答书，好似终于有个大活人能解答心中多年的悬案。疑问有千千种，有人问荷西是不是真的存在？有人问三毛写的都是真的吗？三毛为什么叫三毛？

更多人问起《撒哈拉的故事》中那个神秘的存在——死果。通常问起此事时，人们的表情都是胆怯又睁大眼睛万分好奇的。尤其是当我去了一趟撒哈拉沙漠，探访了小姑当年住的故居后，这个未解之谜更是在我心里一直被翻出。

就这样这趟旅行被赋予许多的意义和任务。

来到阿雍时，最期待的重头戏就是去小姑的故居看看——那个家人一直担心她生活窘迫的居所。旷世巨作《撒哈拉的故事》里的原型场景和真人真事，正等待着我去解答、去还原。

金河大街 44 号，目前的屋主摩斯塔法是三毛笔下"娃娃新娘"最小的弟弟，也是同行的摩洛哥友人 Hanif 的好兄弟。

因为摩洛哥人刻在骨子里的悠闲，做事说话都是不疾不徐，即使我们心中的兴奋之情已溢于言表，还是努力表示出中国人的优雅和从容，不着急探访三毛故居。

"摩斯塔法先生请我们先去他的住所喝茶，聊一聊。"Hanif在傍晚 6 点左右传来信息。

8 点见面 6 点才通知，这样临时说走就走的邀约也是当地特色。本着入乡随俗的精神，刚从沙漠回来的我们，沾了一身的风沙，赶紧洗澡，换掉满是尘土沙子的衣裤，稍做梳整貌似淡定地出现在摩斯塔法先生的住所门口。在摩洛哥的行程，这已是第四天了，早已习惯满大街穿着白色长袍的阿拉伯男人和蒙面的阿拉伯女人，然而摩斯塔法的气质还是有种特殊的气场。

"哈喽，你好天慈，家人，我是摩斯塔法。"他一边说一边握住我的手。

透过翻译，他称呼我为"家人"，我是惊讶和惊喜的。接着握手后是一个大大的拥抱，冷不防，却也有温暖。紧接着是长达 10 分钟站在门口的寒暄，聊这几天忽冷忽热的天气，聊旅程中找不到路的小迟到，甚至还聊到植被破坏的话题，证明三毛书中说过和摩洛哥人喝茶，就要做好一整天耗在那的心理准备。

因为有了前几天和当地摩洛哥人开会的经验，我们知道前期的寒暄是会以各种方式呈现的，绕来绕去花了很多时间，慢慢才进入正题，很考验耐性，急性子可能血压飙高，但这是当地人的礼貌和客气，也只好忍着。

终于，"我们进屋聊吧！"摩斯塔法发出了邀约，我们赶紧接上话"好的，好的。"松了一口气。

这是一栋坐落于市政府附近的别墅型房屋，米白色的墙壁显出恬淡的沙漠风情，四层楼的高度，可以俯瞰对面的公园。当我一踏入这栋房子，心中立即发出尖叫，"这是摩洛哥人的家啊！"坐了16小时的飞机辗转来到这片小姑曾待过的土地，眼前这位是姑姑当时的邻居兼家人，他们的生活方式，小姑曾经历的文化冲击，许许多多的内心小剧场，都在踏进玄关的一刻涌现。

屋内很凉爽，灯光很昏暗，当时外面的天还是亮的，屋内却好似夜晚，这也让室内温度下降了几度。

"要不要先和我的母亲打声招呼？"摩斯塔法指向客厅的位置。

我们一行人杵在客厅的门口脱鞋处，没人敢先进去，眼睛却偷偷瞧进里面。

屋内坐着一位中年男子和一位老年女士，与其说是坐着，不如说是半躺着。沙发是长形的坐垫连成一排，所以可以横躺着，地上放了著名的摩洛哥地毯。整个客厅空间非常宽敞，除了长形坐垫沙发，没有其他家具，也因为屋顶挑高很高，显得很大气。

摩斯塔法走过去弯下腰和母亲亲吻面颊，说了几句话，中年男子走出客厅，并没有和我们打招呼。

三毛笔下多次出现"娃娃新娘"姑卡和摩斯塔法的父母亲——罕地和葛伯，罕地已在几年前去世，葛伯就在我眼前。这位在《死果》那篇文章中救了姑姑一命的女士、姑姑的好友和房东，如今穿着深红色晕染的长袍，头是包裹着的，戴了一副红色的眼镜，还有点时髦的味道。她面带微笑地看着我，仿佛要看穿

「娃娃新娘」姑卡的母亲葛伯

我的骨我的肉，看出一点旧日好友三毛的痕迹与记忆。

我有些不好意思地上前打招呼，半蹲着扶着她的手说："您好，葛伯女士。我是天慈，三毛的侄女，我来看你们了。"

她要我坐在她旁边，转身看着我，说着我不懂的话，一旁的Hanif用英文跟我说："她说很高兴见到远方来的家人，也很意外还能见到三毛的家人。"

葛伯因为年纪已大，说起话来气若游丝，很费力，从她的眼神中却可以看出热情和温柔。

我们坐着拍照，聊了几句。眼前这位年迈体弱的母亲，用尽气力招呼我们，加上初次见面才刚几分钟，心中纵有千万疑问也不敢问出口，只好意思着说些简单的问候。

"我们上楼聊吧，准备了茶和点心。"摩斯塔法说道。

于是我们和葛伯简短道别，想着或许等离开时再来正式道别。

走上狭窄的楼梯，经过二楼的阳台来到三楼另一间小客厅。又是长形坐垫的沙发和摩洛哥地毯，不同的是房间中央多了两个圆形小桌子，桌子上摆满了零食和茶具，各式各样的枣子，裹着白糖的果子，还有面包和水果。

"快坐，自在一点。"摩斯塔法自己先选在茶具前席地坐下。

我坐在他旁边，本想坐在沙发上，因为摩斯塔法席地而坐，为了方便说话，我也选择盘起腿席地而坐，感觉摩洛哥地毯的舒适。

摩斯塔法开始泡茶，手法和中国人泡茶极为相似：也是来回冲洗茶杯，再把水倒掉，再用公杯冲泡一次，再倒掉，最后再将泡着茶的热水倒入公杯，再倒入我们的茶杯中。茶杯不是陶器的，而是没有把手的玻璃杯，所以蒸汽上来整个杯子很烫，茶也很烫嘴。

我小心喝了一小口，好甜，没想到的清甜，像掺了蜂蜜，也正好医治我一到沙漠就干咳的喉咙，一阵舒服暖入胃里。

两位摩洛哥男士摩斯塔法和 Hanif 用阿拉伯语谈着天，我一直吃着桌上的果子，这个时间不是应该吃晚饭了吗？然而在摩洛哥，晚餐总是 8 点以后的事了。

"这次有点遗憾，没能见到姑卡。当年的十岁娃娃新娘，姑姑的这篇文章得到很大的回响，很多人都希望知道她的近况。"我还是把第一个疑问说出口了。

Hanif 向我使了一个眼色，好像有些恐惧冒犯到摩斯塔法。没办法，有时候就是管不住我心中的小任性，想问就问吧！大老远飞这一趟见姑姑的故友家人，下一次见面也是遥遥无期。

反倒是摩斯塔法好像知道我们憋在心中的疑问，早早准备好帮我们解答。

"姑卡不住在这，最近她身体不好，常常去医院，前几个月还去了一趟西班牙本岛治病。她一直记得三毛，三毛离开阿雍时，她好像失去一位姐姐和好友，之后也不常外出，大部分时间都在家里照顾家人。"摩斯塔法没看我们，一边说一边开始制作一种摩洛哥奶酪。

我好奇地盯着他手上的酸牛奶和使劲加入的白糖，然后用力搅拌，他因为腰伤不能久坐，加上手一使力，腰就会痛，致使他时不时要换个姿势。

"没关系的，我们能理解每个人都有自己生活上的难处，姑卡也已经 60 岁了吧？三毛在这里的时候，姑卡才 10 岁。今年是三毛在撒哈拉居住的 50 周年纪念，刚好也来到这见见姑姑的好友们。"我有些担心姑卡的疾病，也不好意思过问，只能就他愿意说的部分表示关心，沙漠中女性的生活常常是个人隐私的一部分，即使是兄弟姐妹也未必都清楚，更不用说是身体上的疾病了。

此时，摩斯塔法可能是因为腰伤疼痛，他站起身走动，做了一半的摩洛哥奶酪在一个大的玻璃茶壶里，看起来很浓稠。

几分钟后，摩斯塔法抱着好多相簿、礼盒进房间，面带着得意的微笑，把东西堆到我脚旁。我下意识把脚缩回，东西散了一地。

我用中文说了一句："这什么啊？那么多？"同行有人笑出声。

"这是凤梨酥礼盒啊！还有中秋礼盒，现在都一月了。"

在这个遥远的国度能见到家乡特产，还原封不动地被保存着，我心想摩斯塔法一家人一定很珍视这些远渡重洋而来的礼物，甚至过期了也没打开吃掉，可千万别现在打开要我们一起吃。

"这些都是以前自己找过来的三毛读者送的东西，还有几封明信片是你的家人寄来的，还有你叔叔写的一封信。"

摩斯塔法很快地把所有礼盒、相簿一一摊开。照片簿里都是读者在网络上收集的三毛照片，仔仔细细打印出来装成册，借此来安慰这位家人，也是三毛以另一种形式和这家人的重逢。读者和三毛，还有姑卡一家人，在不同的时空中巧妙地连结，而我有幸能见证着这一切。

我把照片从第一本翻到最后，却没看见姑姑当时和他们的合影，心里又抑制不住好奇了。

"不知道是否有当时三毛和你们家人的照片呢？或者是她送给你们的东西呢？"由于年代久远，其实不敢抱着太大希望。

果然答案是遗憾的。"没有了，那时我们很少拍照，三毛离开这里时也很匆忙，我的爸爸妈妈也没能和她说再见，我当时还很小，更是没机会。"当时沙漠里的妇女不喜欢拍照，也不喜欢见陌生人，所以很可惜没留下照片。

后来摩斯塔法也说到因为过多读者找到三毛故居，也透过各种关系想见姑卡，这给她造成很大的心理阴影，她感到像动物和商品一样被观看和要求合影，她情愿平淡的生活不被打扰。

既然说起沙漠中的习俗，我顺势聊起姑姑书中的故事。

"很多读者喜欢三毛书中的一篇文章叫作《死果》，死果神秘的氛围和救援过程被三毛描写得很紧凑。能不能讲讲关于这方面的传说或风俗，或是您母亲是否还记得这件事？"我一时间好像记者一样访问起来。

行事拘谨的 Hanif 有些担心我又问了不该问的事，浓密胡须下，能感到他的嘴唇在颤抖。

我假装没看到。

▷ 「娃娃新娘」姑卡的弟弟摩斯塔法

摩斯塔法把奶酪从大茶壶倒进一个木制的钵里，我本以为他会像倒茶一样再分装到杯子里，但是他却自己对着嘴喝了一口。

还不等擦干净嘴上白色的奶酪，他把钵递给我。这是要我也用这个钵喝奶酪？这是习俗吗？如果我拒绝是不是不礼貌？不拒绝内心又过不去，他怎么那么自然地递给我，那我喝完要递给旁边的 Hanif 吗？这样不是口水传口水，水水相连，有点恶心。我还是顺势喝了一口，刻意避开他喝过的地方。

"好喝，很浓的奶味。"

另一边的 Hanif 伸手拿过去，毫不犹豫地喝了一大口，胡须变成白色。

这口奶酪就当作是听《死果》这堂文化课的前菜吧！

白袍下略有重量的身形让摩斯塔法有点难移动，他艰难地侧了侧身转向我，慢条斯理地说起来。"死果不是果，是我们谣传中的一种巫蛊之术，是不祥的诅咒。当时人都很怕，也有很多让人害怕的事情发生。我记得当我还是孩子时也很害怕，甚至晚上也会睡不着觉，生怕枕头下被放了一个死果的金属片。

"家中的大人告诉我们，在街上看到没人要的小布包千万不要碰，里面可能有寄身的鬼魂等着找替死鬼，或者会把你本身的病痛放大来减轻他自身的罪孽。"

此时装了奶酪的木钵已传了一圈，回到摩斯塔法手中，他见木钵已空了表示大家很喜欢，所以又从大茶壶中倒了许多进去。

同样的顺序，他喝一口，我喝一口，再传一圈。

"那姑姑书中提到有一个小布包被她丢掉了，那个里面还有什么？"我这追根究底的执念来到沙漠也没改变。

"那个更可怕了，听家中大人说是已故的人的骨头碎片，有时是亲人为了纪念放的，有时是盗墓的人为了害人放的，总之不是好东西，你们这几天如果在街上看到千万不能碰。"

这种把骨头碎片放在袋里随意丢弃，等人捡到的戏码，很像是我们中国民间传说的借身体还魂转世。也很像小学时有位女同学，言之凿凿地告诉我路上的铜板不要乱捡，可能有鬼魂等着投胎，并把自己的阴气转到捡到的人身上。

想到这里，我转身一条腿跪在沙发垫上，伸手把后面的窗关起来，一阵阵风凉飕飕的。桌上包裹着白糖的果子，瞬间觉得诡异起来，我再也不敢碰了。

同行的友人开始搜三毛《死果》这篇文章，打算一一提出来解惑，这个摩洛哥人家中的夜晚，不但充满天方夜谭的异国风情，现在更多了不可思议的神秘感。

"还好三毛没有把那个小布袋打开来看，要不然她会遭遇更可怕的事。"我这份庆幸好像也没让气氛轻松下来。

"那个年代本就有很多人越害怕就越会编造故事来吓自己，毕竟以前巫师是可以左右很多人的生死的。我们也认为会在街上捡东西的都是低着头的拾荒者，那些人因为吃不饱穿不暖，体质本来就弱，所以容易被那种东西盯上。谁知道有个邻居会染上这种事，那时确实很多人都觉得三毛实在很倒霉，也不是每个没人要的小布袋都有巫术，偏偏被她捡到。"

此时的摩斯塔法已经是年近五十的大叔，讲到这种事情，还是感到后怕。虽然如此，我还是不敢相信这样一个小东西能让姑姑胸肺胃都痉挛成团。在座的每个人陷入自己的沉思中，突然……

"哈哈，骗你们的啦！看看你们都不说话了。你们都觉得沙漠充满着神奇的力量，好像我们在这住的人个个都会妖术一样。这些都是骗小孩的，三毛本身体弱也很敏感，当时 50 年前的环境比现在差很多，她不适应所以特别容易生病。"长袍大叔还有着吓唬人的童心，我对他刮目相看起来。

他笑得很开心，我的疑问反倒更深了，那到底是什么样的原因呢？我还是想再问问，趁他开心的时候。

"那为什么拿了那金属片做成项链的三毛会感到不舒服、头昏、想吐，一直打喷嚏？甚至放在胸口的录音机都坏了。这又怎么解释呢？"看看摩斯塔法怎么自圆其说。

"没你们想的那么灵异，无非就是当时我们这有很多矿场，那金属片可能沾到了某种放射性物质，残留在上面好几天了。三毛把这样的放射性金属贴身戴在脖子上，放射性物质接触皮肤，一下子传导进体内，当然会引起旧疾复发，这些都可以用科学解释的。"他流露出教小孩子的成就感，一副不要以为我们住在沙漠就什么都不懂的样子。

"那录音机也是因为感应到放射性物质，或者是辐射影响了电流而坏掉，一下停机造成卡带卷起来了吧！"我也跟着他的思路走进科学，径自解释起来。

所以当时的巫师其实是懂物理化学的，是人心选择相信神秘学，或许那让人满足了对另一个世界的好奇。你相信有就有，你相信无就无，在这片令人敬仰的土地上，多点神秘也是多点吸引人的色彩。

"都十点啦！你们最期待的三毛故居已经准备好你们的大驾光临。"摩斯塔法看到我们恍然大悟又半信半疑的表情，好像一切都在他的掌控中，夜访姑姑的撒哈拉住所也是其一。

《撒哈拉的故事·芳邻》

　　我大叫："荷西，荷西，羊来了——"

　　荷西丢下杂志冲出客厅，已经来不及了，一只超级大羊穿破塑胶板，重重地跌在荷西的头上，两个都躺在水泥地上呻吟。

　　荷西爬起来，一声不响，拉了一条绳子就把羊绑在柱子上，然后上天台去看看是谁家的混蛋放羊出来的。

　　天台上一个人也没有。

　　"好，明天杀来吃掉。"荷西咬牙切齿地说。

　　等我们下了天台，再去看羊，这只俘虏不但不叫，反而好像在笑，再低头一看，天啊！我辛苦了一年种出来的九棵盆景，二十五片叶子，全部被它吃得干干净净。

三毛

## 撒哈拉的故事 2024（下）——夜访三毛故居

经过一番摩洛哥传统茶宴后，我还没从那神秘感十足的文化课中缓过来，期待已久的小姑故居就在眼前了。

放学时学生都会在操场上排好队，等待训导主任做一天的总结发言后，再由每一车队老师带大家上车。

"陈天恩、陈天慈，你们过来一下。"隔壁班教中文的马老师向我们招手。

小学二年级的我们乖乖地走过去，心里嘀咕着好不容易抢到队伍前面的位置，等下上车才能坐前排，因为我们姐妹俩都很会晕车。这下被她搞得又要从后面开始排队了。

隔壁班的这位马老师是一位身材娇小的中年女人，常常来我们班上和我们的班导龚老师聊天，有时上课铃声响起也舍不得走。

"我是马老师，早上听你们龚老师说你们的姑姑下周末在台北中山纪念馆有演讲。老师买不到票，可不可以问问你们爸爸妈妈帮忙买一张？"话说得直截了当，好一个爽快的女人。这种情况不是第一次了，人在学校身不由己，总得给老师一点面子。

"好啊，我回去跟爸爸说一下。"我也爽快回答，想着赶快回到队伍中也许还能抢到靠窗的位置。

"谢谢，好乖喔！听龚老师说你们俩成绩好品行端正，真是好孩子。"马老师开口就是一连串蜜糖，成年人的世界很多装饰，我和姐姐也识相地鞠躬敬礼后跑回排队的队伍中，不敢回头看那位在工作和艺文梦想中挣扎、在家务和自我兴趣中取舍，却仍想抽出时间去听场演讲的女人。

还是一路晕车地回到奶奶家，小姑来开门，好像刚睡醒。

"小姑，老师要我们跟你说她要你演讲的票。"姐姐想也没想就开口了，应该是想完成任务就能解脱了。

"演讲的票可能快卖完了吧！我找出版社问问，你们也要和爸爸妈妈一起来喔！我给你们留了票。"小姑对于我们的要求从不拒绝。

"如果票卖完了，我们的票可以给老师。"我灵机一动，想想这样满足了老师，也不用在演讲厅坐两小时，上次去听过一次，只记得人很多很热。

"你们两个都要去，老师的票再问问出版社，你们不用管。"奶奶出来主持正义，从小照顾我们的她早已看穿我那点小心思。

我们打开那箱放在地上的书，姑姑常常去书店，看到喜欢的书就给我们一本一本带回来。我一边翻着一边偷看小姑一眼。

"你这次还是要讲那个沙漠吗？比台湾还热的地方，我可不想去。"我问起。身为小孩有时也会故意挑衅大人的容忍度，反正小姑不会生气，这是我的底气。

小姑从厨房拿出她的午餐饭菜，坐在饭桌旁，也没看向蹲在地上找书的我们。

"当然会讲撒哈拉的故事，那个你们听过很多次的故事。你们命好，房子有屋顶，我在那的房子屋顶都没有，不过那里也不会下雨，就是会下山羊。"小姑得意地笑起。她说过几次不速之客山羊的故事，我们早已习以为常，不太捧场她的笑话，笑都不笑。

"好简陋的房子，你不会想回家吗?"姐姐坐在小姑旁边问起。

"会啊，每天都想回来，但是那边也是我的家，是我和荷西姑丈的家。"

从摩斯塔法的家到金河街 44 号的三毛故居只有几分钟的车程，我们一行人挤在 Hanif 小小的车子里，装满期待、兴奋和紧张。

车子停在门口的街边，这是一条比我想象中宽敞的街道。三毛的书《撒哈拉的故事》中提起过对面是一片荒野，如今 50 年后的街景已是一片矮房民宅。

阿雍虽然是一个小镇，晚上还是挺热闹的，这是摩洛哥人喜欢避开日间的炎热在夜晚出行的特殊生活习惯，街上有许多青少年滑着滑板经过，一只流浪黑猫在门口徘徊，好像守着门等我们来。

如果用城镇编制来比喻，这里的房屋比较像 50 年前盖房子时给工人临时盖的员工宿舍，给人一种不会久待所以可以将就的印象。浅色的水泥墙面已经很斑驳，在夜晚更显苍凉。门口的水表箱上画满远道找过来的三毛读者的留言，虽然是想念的心意，可是毕竟是摩斯塔法的私人物业，未经允许随意涂鸦实在不可取。摩斯塔法也表示政府定期会派人来帮忙清理，但是总还是会有人再来涂鸦，甚至拍了视频上传，给他们造成不少困扰。

他拿出钥匙二话不说要打开大门，我有些没准备好的局促。旁边细心的Hanif看出我的表情，用阿拉伯文跟摩斯塔法说等等，让我一起握着钥匙开门。

我深呼吸，还不等我吐完气，他把钥匙一转，咔嚓一声，三毛故居的大门立刻敞开，光线透出在黑夜里，屏住呼吸，此时无声胜有声。

▷ 三毛故居的大门

一进门，我并没有急着走进屋里，我转身看着大门，这是姑姑开启另一种生活的大门。

摩斯塔法告诉我脚下的地板也是当年留下来的，并没有做过整修。也就是说，这是姑姑曾经踏在这地板上进出的大门，碰上死果时被紧急抬出去的大门，想念在北边工作的荷西时常常打开观望的大门。

进门后是一道不算宽的走道，身高高一点的人一张开双手就能触碰到左右两边的墙壁。因为是水泥墙，加上昏暗的灯光，不禁令人感到有些凉意。

一开始我沉浸于想象姑姑生活在此的身影中，并没有想起拍照。这是小时候姑姑常提起的另一个家，那种我很难想象的环境，现在一切都在我眼前。

走道一边是洗手间和一个杂物房，空间不大却打扫得很干净。

"摩斯塔法在你来前已经安排人来做过打扫清洁，把灯都打开，里面的音乐也是他最喜欢的歌曲，想给你听听，也给三毛听听。"Hanif 在我们到达阿雍前已经把行程规划好，也和摩斯塔法成为好朋友，两个贴心的摩洛哥男人，不多说自己做了什么，却处处都是心意。

短短的走道尽头是一个小房间，我们用脚量了一下，推测就是那个三毛说四张全开的报纸就能铺满的房间。墙边有一张紫色的床垫随意靠着，黄色的墙壁和深红深绿的地板，不像姑姑喜欢的风格，但是我想以她随遇而安的心境总能看出其中的美。

◁

三
毛
故
居
中
庭

中庭上方也是读者印象深刻的主角之一，山羊掉落下来的那个大洞，一个一般人很难想象的天降山羊的奇葩故事，却在姑姑的生活中常常要提防着发生，饭桌上随时可能被加菜，我想除了山羊，鸟类昆虫可能也不少拜访吧！

这个洞在70—80年代透过三毛的妙笔传回亚洲，受到许多中国读者的瞩目。多少人有不同的想象，圆的方的，大的小的，怎么就让一只在屋顶闲晃的山羊好巧不巧地摔入人家，而这个家不是普通人家，还是一位热爱写生活散文、文笔卓越的作家的家。就这样这只羊也成为主动掉入饭桌上稀有的羊，这个洞成了许多《撒哈拉的故事》读者心里那个通往沙漠的洞，多年后忘不了的三毛故事。

所以，三毛写的趣事是真实存在的，有洞为凭。

整个房子最里面的位置是厨房，就在这里三毛给荷西做了粉丝煮鸡汤和蚂蚁上树两道意义非凡的菜，让荷西深信粉丝就是天上下来的雨水结冻后制成的珍贵食材，一道寿司让荷西以为海苔是复写纸。小小的厨房，大大的创意，暖暖的生活情趣。普通的菜色被三毛赋予有爱和有意思的印记，这也是这个有些破旧的房子最重要的使命吧！成就了三毛有滋有味的沙漠艰苦生活，更成就了读者对异国文化的幻想。

然而，厨房的设备却很简单，一个炉台和一个小水槽，上方的墙上有一个放餐具的小厨柜。50年前的生活没自来水，偶尔有电，从小在家很少做饭的姑姑，在这样的环境下煮三餐一定很闷热，对沙漠的热爱支持她克服生活上的种种不容易。

"如果是你，你愿意住在撒哈拉吗？" Hanif 好奇我的意愿。

"我可能没办法，再爱一个人也没法战胜没水没电的日常，我很怕热，一热就会发脾气，流鼻血，没心情欣赏沙漠的美。"有些事假装不来，也勉强不来，一点也没遗传到姑姑适应环境的心境和无惧困难的浪漫。我还是老实做个普通人，过着普通的生活已很满足。

摩斯塔法和 Hanif 拉了两把椅子在中庭坐下，就在这么空旷的地方，这两位中年男子好像在自己家一样自在随意，说说笑

▷ 三毛故居中的厨房

笑。透过翻译我才知道他们聊到这几年环境的改变和身体的不如从前，三毛故居对他们来说是另一段友谊的开始，完全没有像读者般把这里视为充满三毛气味和生活痕迹的神秘圣地。

我不禁微笑，姑姑应该会乐见此情此景吧！

"以前三毛和朋友是否也这样在房子里聊天？我听姑姑说这里的人很喜欢串门子，说来就来了，很热情。"那两个聊得起劲而无视我的男人终于停了下来。

"这里的人一旦把你当家人，就会把你家当自己家，回自己家哪需要打招呼。"摩斯塔法解释道。我心里想着热情和边界感的区别，当然也理解那时全靠这些邻居对这位漂洋过海的中国女子的疼爱，我们家人在远方才得以稍稍放下心。

"说说姑卡吧！你的姐姐，三毛《撒哈拉的故事》一书中最亮眼的女孩。也让读者有许多的不解，也很好奇她的近况。"八卦的心一旦打开就很难关上了。

"哈哈，我就知道这个问题你憋在肚里很久了吧？都要半夜了，也该聊聊我这位姐姐了。"摩斯塔法笑着说。

"姑卡从结婚后就搬离父母家了，虽然也在附近，但是主要还是在夫家生活。他们夫妻俩感情不错，两个儿子现在都四十几岁了。"不等他说完，我不礼貌地插话。

"儿子都那么大了。姑卡结婚时是 10 岁，50 年后现在也 60 岁了，我们还停留在娃娃新娘的印象里。"我的惊讶溢于言表，不想藏了。

"这几年姑卡的身体不太好，也很少出门了。她不喜欢见人，也不喜欢拍照，这阵子也都在看医生，心情不是很好。"摩斯塔法也担心着姐姐。

"我父亲在这里帮助政府修了几条路，盖了几栋房子，这个三毛故居是父亲留给我的。说实话，这几年也有中国买家提出不错的价格想买这个房子，有的说要做三毛纪念馆，有的说要做餐厅，都被我拒绝了，这是三毛的家，是她给我们独一无二的回忆，我的父母和兄弟姐妹都视三毛如家人，我们要把这个房子保留给三毛，也不想做商业用途，就让它是原来的样子，是三毛最喜欢，也最习惯的样子。"此时我感到说这番话的摩斯塔法，身上白袍发着光，如果没有他们一家人的坚持，这个房子可能早就做了大改造，家不复见，我想那也不会是姑姑愿意见到的。


"10岁就结婚？！我才不要呢！我想永远住在家里。"小学三年级的我发出不可思议的感叹，不敢相信姑姑那几年待在什么样的地方。

"那里的女孩都是这样早婚，姑姑也不能接受，只是每个地方有每个地方的习俗，也无关好坏，多出去走走就能看到很多不同的风土人情。沙漠和城市虽然很不一样，住在那的人却很单纯，姑姑也交到许多好朋友。"

"那些小女孩平常做什么？骑骆驼去学校吗？"我感到自己似乎问了一个蠢问题，可是还是想听听小姑怎么回答，有时候有趣的不是问题或答案本身，而是在对话中看到对方绞尽脑汁接住你的问题。

"骆驼不是车子，也不会停在家门口，更不会骑它去上学。因为沙漠里的女孩都不上学的。"小姑朴实无华的回答，却让我张大了眼。

"不用上学，简直是沙漠天堂，可以每天在家玩。"我很羡慕。

"你以为在家就是玩，那边的女孩要在家帮忙做很多家务，也不能学习，姑卡也不会数学，不懂作文和历史地理，也从没离开过她住的城市。"小姑陷入想念的旋涡。

"不会数学，那你也不会，还不是活得很好，还有很多人喜欢你，在街上追着你跑。"我的数学成绩也不怎样，因此对小姑多了一份同病相怜的革命情感。

"我数学再不好，在沙漠里还可以做姑卡和其他女孩的数学老师呢！"也许这是小姑生命中唯一一次为自己的数学技能感到骄傲。

当年小姑随口就能来几句的文化教材，现在我亲身行走来验证。

文化不是用来认同的，是用来体验的。三毛在沙漠里的家给了她安全感和温暖，这些看似陌生的异乡人用他们的方式来认识三毛，也认识我们的文化。

**亲爱的小姑，来到你家了，你爱的撒哈拉！**

Love You,
天慈
2024.1.12

我找了一张纸，写下这句话，家可以在远方，也可以在心里。

姑姑在沙漠的家曾经是我们到达不了的远方，站在这踩着她的地板，我感到她在说：谢谢你来我的家，代我问候爱我的人，我在沙漠很好，沙漠也待我很好。

万物皆有灵，万物皆有历史。时间已近午夜，我倚在走道的墙上，闭上眼，想着小姑和荷西在这个房子里是不是也会彷徨，恐惧未来和环境的变化，虽然很努力在文化冲击中找到乐趣，是否会想家？一封家书也要等个把月才有回复，这样对命运的认份是我们现在人少有的，我们总想活得更好、更精彩，却不曾想过困境中的甜才是宝贵的人生经历。

一本《撒哈拉的故事》看哭很多人，也看开很多出走的心。也许你曾为哑奴掉泪，也许你为早婚的娃娃新娘怜惜，也许你为偷看人家洗澡的故事莞尔，更多的是三毛告诉我们人生有各种可能，人也有很多别人不懂的不得已，谁知道你的不得已在别人眼中是浪漫和向往，又能给这社会带来多少影响力和启发呢？

▷ 作者在三毛故居走道

311

《我的灵魂骑在纸背上·Nancy书馆》

　　回到台湾，记者问我的事情里就有一个问题是："书怎么了？"我说："送给一个极爱看书的中国女孩，将来在加纳利群岛的中国人可以向她去借，也算我留下的爱和情感，给我的同胞。"《皇冠》杂志就说："那不就是三毛图书馆了吗？"我笑说是"Nancy书馆"。

# 三毛图书馆

▷ 三毛西班牙友人 Nancy 的书架

相信许多人都有这种经验，整理房子或搬家时才发现自己有很多书，这些书有些看完了，有些看了一半，有些买了根本没翻开过，有些买了以为自己会看完。丢掉可惜，留下占了很多空间，书架永远不够放，索性捐给慈善机构或二手书平台。有时我也会想，如果姑姑活在现在的世界，她那些书会如何处理，她是否会看电子书或网络文章？

她其实是一个对新鲜事物充满好奇并愿意尝试的人，正如有些读者会问我三毛如果在世能不能习惯快速的网络世界迭代？我想她会去尝试。会和读者在网上聊几句，会尝试阅读电子书和网文，而那个教她网络应用的人很可能是我，只可惜这个体验也只能停在幻想的梦境。

姑姑爱阅读的细胞是遗传自我的爷爷，也就是姑姑的父亲。爷爷是一个在家也会穿上白衬衫、西装裤，梳上油头的绅士。他很少大声说话，即使身为律师在法庭上辩护也从不咄咄逼人，反倒是逻辑清晰，以理服人。我永远记得还未上小学的我坐在旁听席，看着爷爷帅气地站在法官面前发言，原来那些书架上的书都化成替人伸张正义的知识内核，那些厚厚的法律书籍关键时刻都能救命。后来我进了东吴大学法律系，喜提爷爷送我的第一本法律辞典，我想他心里是开心的，正如姑姑书中也提及爷爷那从不说出口的"为子女感到骄傲"，或许这是那个年代的读书人的气度吧！

这本法律辞典也陪我从大学一路到温哥华，再带回台北家中的书架上，又是一本流浪半个地球的书。

爷爷送作者的法律辞典

　　记忆中姑姑的书架有几处，散布在世界各地，很多她的书也是跟着她流浪世界、陪伴她度过许多年岁。

　　爷爷奶奶在台北南京东路四段的家中，特地把安静的向阳之处辟作姑姑的卧室和小客厅。小客厅也是她放书的空间，所谓"放"并不是放在高高的书架上。这个小客厅极具三毛风格，书架是一排沿着墙的白色矮柜子，姑姑的书就或躺或坐地放在矮柜的格层中。因为我和姐姐是除了姑姑以外的小客厅常住居民，寒暑假都会来过夜，所以常常去矮书柜上翻找想看的书，大概因为整理好也会被我们翻乱，姑姑也懒得去整理了，再说乱一点比较有烟火气，太整齐像书店，也不敢触碰。

不同于爷爷书房书架上放满了成套的法律书，姑姑的书架上则是中文英文都有，还有给我们小孩准备的《古文观止》《唐诗三百首》，还有西班牙文、德文的书，当然还有她给我们买的儿童书。正如她的抽屉也给我和姐姐留了两格——给小孩自己的空间，书架上也是。架上有我喜欢的亚森·罗苹、福尔摩斯，有姐姐喜欢的《茶花女》《格林童话》，中间穿插着《小王子》英文版，也是姑姑最喜欢的宝贝。书架上的位置是她心里的位置，有我和姐姐，也有我们一起写下的篇章。

然而，在姑姑的小木屋家中没有特别设置书房，书架总是放在开放的客厅和饭厅中间显眼的地方。挂在书架上的鸟笼里有一个穿着黑白衣服的哭脸小丑，相信许多看过三毛《我的宝贝》这本书的读者印象都很深刻。而对我来说也是小时候的梦魇，很害怕接近他，总觉得会感染哭脸的负能量，现在想想可能是姑姑的心情表象，哭出来或许比较好。

这个放在开放空间中的书架常常是满座的状态，能挤进姑姑书架的书都很幸运，她对书的情感和珍惜不亚于对她的衣服和化妆品，对一个女人和作者来说，外在和内在的美感富足都很重要。姑姑具有一目十行的能力，我相信她看过大部分书架上的书，而这些书也陪伴她度过每个寂寞的夜晚，或者是忙碌热闹的白天后，姑姑享受独处时的最佳伙伴。

很多人好奇三毛喜欢读什么书，是怎样的阅读土壤长出她这样的创作天赋？

在三毛的书中出现过许多她喜欢的书，在此小小举一些例子，中文著作有《红楼梦》《水浒传》《西游记》《七侠五义》《三毛流浪记》《射雕英雄传》《古文观止》《笔汇》《现代文学》《易经》《尚书》，柳宗元的《溪居》，等等；西方著作有《小王子》，卡夫卡的《蜕变》，歌德的《少年维特的烦恼》，《查泰莱夫人的情人》《木偶奇遇记》《格林童话》《安徒生童话》《基督山恩仇记》《唐·吉堂诃德》《飘》《简爱》《傲慢与偏见》《咆哮山庄》《罪与罚》《小妇人》《莎士比亚全集》，等等。

她念的书远不止于此，阅读是她最好和永远不会离开的朋友，无论飞到世界各地都是如此，无可取代。


"这些都是姑姑送你的书吗？保存得真好，谢谢 Nancy 姐。"看到姑姑带去西班牙大加那利岛的书籍，如今安好地放在 Nancy 姐家中的书架上，我感到很欣慰。

2019 年我来到西班牙的大加那利岛，接待我的就是 Nancy 姐和其夫婿强哥。

Nancy 姐认识三毛时还是个在西班牙长大，时年 15 岁，中文不太好的女孩。听说镇上要来一位作家，当时《撒哈拉的故事》也已出版，受到很大的欢迎。她们在一次朋友的聚会上认识，羞涩的 Nancy 姐不敢上前和三毛打招呼，就这样远远观望，默默欣赏。直到后来的家庭聚会上才有了更进一步交流的机会，也正是因为这次的缘分，后来三毛的书在她离开后有了收留的居所。

"当时我知道你的姑姑那有很多中文书，而我的中文不太好，但是也很想看中文书，所以你的姑姑就主动邀请我去她家看书。她的家离我们家有一段距离，当时她会来我父母亲开的饭店吃中国菜，也会带几本书给我看。后来我考到驾驶执照，就常常自己开着车去找你的姑姑，我们成了忘年之交，当时的她应该已经33岁了。"Nancy姐聊起姑姑总是淡定而深情，这段友谊是她一生中很意外也很重要的印记，后来的几年也因此认识了许多三毛的亲友和读者。

"除了忘年之交，姑姑可以说是你的中文老师，你因此接触了很多中文书。"我接着问，很想知道更多两人的故事。

"我们有时候用西班牙文交流，她会鼓励我多说中文，也会和我父母亲聊家乡的事，还会跟我父亲学做中国菜给荷西吃，我们就像家人一样，几乎每周都会见面，真的很怀念那时的时光。没有她，我的少女时期会少了很多色彩，她是一个对我来说很重要的人。"Nancy似乎眼泛泪光，又怕过多的情绪影响后来带我

△　三毛西班牙友人Nancy的书架

参观的行程，她是一个很替人着想也有着拉丁美洲民族热情性格的女人，从她对姑姑的书一本本细心照顾中可以看出。

书架上放满三毛味道的相关物品，与其说是书架，更像是专属三毛的回忆角落，Nancy 姐和强哥对这位故人的爱透过这个书架呈现，真是懂她的知己。

"这些石头好像不是姑姑画的吧？感觉比较现代的风格。"我也喜欢画画，所以从画风上也能看出一二。

"不是，这些都是强哥画的。他跟你的姑姑一样喜欢画石头。"Nancy 得意地笑。

夫妻俩都是爱好艺术的人。娃娃看天下的玛法达、可爱的爷爷奶奶、小骆驼、沙漠风景、夜景黄昏、长颈鹿，从石头的画作上也能看出强哥的童心和幽默感，还有对生活的观察和热爱。

书架上的 C 位自然是三毛全集，从古到今繁体和简体的版本都有，还有一些读者送给 Nancy 的礼物，每件都是感谢，感谢 Nancy 姐夫妻俩当年陪伴三毛，也保存了我们的回忆。

我随手抽出一本《张拓芜自选集》。张拓芜是我小时候常常听到的名字，跟姑姑是好朋友。那时的姑姑常常和奶奶提起她的作家好友们，张晓风、林怀民、小民、杏林子都是小时候还未读过这几位大师作品时的我就已深深刻在心上的名字、记忆中姑姑好友的名字。正如大部分女孩子，讲起好友的姑姑也常常是滔滔不绝地分享，这些朋友也陪伴失去荷西后回到家人身边的姑姑，一点一滴帮助姑姑走出伤恸。

2024 年 2 月，我在书展上和张晓风老师有过一面之缘，提起和姑的友谊，她脸上露出不舍。这些时代的文学大师用笔留给

△　作者和张晓风老师

世人的不只是文字，更多的是思想上的碰撞和生命的交错，每本读过的书都像是认识作者的过程，建立起友谊。静下来写作在这个嘈杂快速的世代中并不容易，而这些年事已高的大师们至今仍穿梭在各个书展和新书发表会上，与读者见面，感谢他们为文坛所做的贡献。不是做每件事都需要有目的，因为喜欢而去做的事更显动人。

有时候会听到出版界的朋友感叹现在的书不好做了，作者辛苦写出来十几万字的书，其中还包含了编辑和美编的心血，上架后经过几轮的打折，价格还不到一杯奶茶的钱。投入这个行业的人多少是有热爱和情怀的，只是热爱和情怀也要温饱。三毛曾说"爱情，如果不落实到穿衣、吃饭、数钱、睡觉这些实实在在的生活中，是无法长久的"。我想出版也是，如果不落实到实实在在的销售上是无法长久的。我相信书不会消失，有文字就会有书。每本书都有自己的内容，好似每个人有不同的个性，每本书也承载了很多人的故事，作者的故事，写作过程中的故事，买书人的故事，送书人和被送书人的故事，代代相传，静静地等待下一个人去开启、去发现。

# 后记

　　这是我第一本书，希望能以我有限的能力承接小姑的万分之一，仅以此书作为延续她的第十五号作品。

　　从第一个字到最后一个字，总感觉中间小姑一直都在，有她的调皮，有她对我们的不舍，有她的足迹，更有她的遗憾。她走了快三十年，我们的生活虽然依旧，偶尔想起她，或者说她总是趁我们不注意时用她的方式来访，冥冥中也为我们安排了一些相遇和分离。

　　这几年因为自媒体的方便，陆续收到很多小姑的老读者和新读者的信息，聊了很多看似平常的话，有的问荷西是不是真实存在，有的问小姑私底下是什么样的人，还有人问她是不是像书中一样浪漫。我真没想到小时候相处的大人玩伴，会给全球华人朋友那么大的影响和启发。

　　近几年也陆续有很多三毛的推广活动展开，既有围绕一场《回声》演唱会的成千上万的网络帖子和电视节目，也有三毛读者们抱团取暖的大小社群，很开心大家都还爱着她。我也从很多读者的故事分享中得知，原来很多人都想活出像她一样的自由灵魂，当年她替读者打开的窗，如今已成了美丽的风景。一个自认朴实无华的人，却在读者心中画出了不凡的图画。

虽然小姑是个天真的人，但她承受了很大的人生磨难。她也常常鼓励我们好好享受生活，只是当时年纪小的我连生活是什么都还不懂，可她带我们走过的街道、闻过的花香、看过的星星，都存在于她和我们的故事里。作为一个渴望被爱的孤独症患者，她总是怕麻烦人，却又喜欢被人麻烦，把别人的事当成自己重要的事，所以有了《亲爱的三毛》中的"三毛信箱"，所以有了几百场的巡回演讲和1989年的回乡之旅。一个渴望被肯定却喜欢独处的人，在她的文字里流露出真情。读者感受到她的存在，又不敢相信她的真实。而在我心里，她永远是那个拉着我们小孩子去玩去闹的大孩子，永远是那个我们不腻烦的大玩伴。

我其实是个不太相信许愿池的人，但如果许愿真能成真，希望喜欢这本书的朋友们一起把这些只言片语叠加起来送给天上的她。同时，希望那些尚未认识她的人也能认识这位努力活出不同精彩的女人。

每个三毛的读者心里都有个独一无二的三毛，一个和自己对话的三毛。愿你珍藏这位专属于你的三毛，也愿你因她而美好，因她而自由。

我们来不及告别，我们却来得及重逢。
三毛不在的日子，我们，还在一起。

陈天慈

2020年7月11日于加拿大温哥华

# 我的姑姑三毛

作者 _ 陈天慈

产品经理 _ 徐慧敏　　装帧设计 _ 肖雯　　产品总监 _ 周颖　　技术编辑 _ 白咏明

责任印制 _ 刘淼　　出品人 _ 吴涛

## 鸣谢 (排名不分先后)

王楠莹

果麦
www.guomai.cn

以 微 小 的 力 量 推 动 文 明

图书在版编目（CIP）数据

我的姑姑三毛 / (加) 陈天慈著. -- 昆明：云南人
民出版社，2024. 8.（2024.12重印）-- ISBN 978-7-222-22918-1

Ⅰ. K825.6

中国国家版本馆CIP数据核字第2024UY2575号


责任编辑：刘　娟
责任校对：陈　迟
责任印制：李寒东

# 我的姑姑三毛
**WO DE GUGU SANMAO**

[加]陈天慈　著

| | |
|---|---|
| 出版 | 云南人民出版社 |
| 发行 | 云南人民出版社 |
| 社址 | 昆明市环城西路609号 |
| 邮编 | 650034 |
| 网址 | www.ynpph.com.cn |
| E-mail | ynrms@sina.com |
| 开本 | 840mm × 1200mm　1/32 |
| 印张 | 10.5 |
| 印数 | 5,001-8,000 |
| 字数 | 226千 |
| 版次 | 2024年8月第1版　2024年12月第2次印刷 |
| 印刷 | 北京盛通印刷股份有限公司 |
| 书号 | ISBN 978-7-222-22918-1 |
| 定价 | 49.00元 |